정상회담으로 본 한중수교 30년

정상회담으로 본 한중수교 30년

초판 1쇄 발행 2022년 12월 31일

엮은이 ㅣ 성균관대 성균중국연구소
펴낸이 ㅣ 윤관백
펴낸곳 ㅣ 선인

등 록 ㅣ 제5-77호(1998.11.4)
주 소 ㅣ 서울시 양천구 남부순환로 48길 1
전 화 ㅣ 02) 718-6252 / 6257
팩 스 ㅣ 02) 718-6253
E-mail ㅣ sunin72@chol.com

정가 25,000원
ISBN 979-11-6068-770-5 93340

성균중국연구총서 42

정상회담으로 본 한중수교 30년

성균관대 성균중국연구소 편

출처: 국가기록원

[노태우 대통령 방중] 한중 확대정상회담

출처: 국가기록원

[노태우 대통령 방중] 한중 확대정상회담에 입장하는 노태우 대통령과 양상쿤 국가주석

[노태우 대통령 방중] 노태우 대통령–장쩌민 중국공산당 총서기와 정상회담

[김영삼 대통령 방중] 방중 일정 중 조깅하는 김영삼 대통령

출처: 국가기록원

[김영삼 대통령 방중] 김영삼 대통령 상하이 임시정부 청사 방문

출처: 국가기록원

[장쩌민 국가주석 방한] 한중 정상회담1(청와대)

출처: 국가기록원

[장쩌민 국가주석 방한] 한중 정상회담2(청와대)

출처: 국가기록원

[장쩌민 국가주석 방한]
장쩌민 국가주석 국회 연설

출처: 국가기록원

[김대중 대통령 방중]
김대중 대통령 방중
공식 환영행사

출처: 국가기록원

[노무현 대통령 방중] 노무현 대통령 후진타오 국가주석 주최 만찬 참석

출처: 국가기록원

[후진타오 국가주석 방한] 후진타오 국가주석 방한 공식 환영행사

출처: 국가기록원

[이명박 대통령 방중] 이명박 대통령 중국 베이징 서우두 공항 도착 환영행사

출처: 국가기록원

[박근혜 대통령 방중] 박근혜 대통령 방중 공식 환영행사

출처: 국가기록원

[박근혜 대통령 방중] 한중 확대정상회담

출처: 국가기록원

[문재인 대통령 방중] 문재인 대통령 방중 공식 환영행사

출처: 국가기록원

[문재인 대통령 방중] 한중 확대정상회담

한중관계는 1992년 수교 이래 비약적으로 발전했고, 상호존중과 호혜에 기반한 새로운 관계를 모색하고 있다. 그동안 양국은 체제와 제도 그리고 이념의 차이에도 불구하고 상호이해를 바탕으로 공동이익을 추구해왔고, 중국이 그 무렵 수교한 외교관계 중에서 가장 모범적 사례로 일컬어져 왔다. 실제로 한중관계는 한반도의 평화와 안정, 경제통상무역의 획기적 진전, 인문교류의 확대와 심화 등 성과를 보이며 전방위적이고 다층적으로 발전해 왔다. 이러한 관계발전에는 한중 양국의 국민, 기업인, 지방정부, 그리고 수많은 우호단체들의 헌신적인 노력이 있었다. 이 중에서도 훌륭한 리더십으로 한중관계 발전의 초석을 닦았던 양국 정상의 회담 성과를 간과해서는 안 된다. 지난 시간 개최된 한중 정상회담은 실무적으로 판단하고 결정하기 어려웠던 현안을 보다 대승적 관점에서 논의하고 이를 다시금 양국관계 발전의 동력으로 삼았다. 그리고 이를 통해 양국은 오해가 오판을 부르는 상황을 극복할 수 있었다.

한중수교 이후 2022년 말까지 한국과 중국의 정상회담은 단독 정상회담과 다양한 다자무대를 포함해 모두 85차례나 열렸고, 양국관계는 '선린우호협력 관계'에서 '21세기를 향한 협력동반자 관계', '전면적 협력동반자 관계', '전략적 협력동반자 관계'로 점차 격상되어왔다. 이 노정에서 양국 정상이 차이를 두려워하지 않고 공동의 이익을 위해 노력한 결과, 정상회담은 한중관계 발전의 속도와 방향을 제시하는 나침반이 되었다. 그리고 각 회담마다 발표된 공동성명과 공동언론발표문 및 부속문서들에는 양국관계 발전을 위한 노력의 흔적들이 고스란히 배어 있다. 이 문건들은 현재에 이르러 양국관계를 공식적으로 해설할 수 있는 중요한 지침서의 역할을 하고 있다.

한중수교 30년을 맞아 다양한 책과 논문들이 출판되었다. 그러나 이 문헌들은 각기 지닌 장점에도 불구하고 '한중관계의 발전현황·도전요인·미래발전 방향'이라는 틀에서 크게 벗어나지는 않았다. 반면 〈정상회담으로 본 한중수교 30년〉에 참여한 필자들은 정상회담을 중심에 두고 당시의 상호인식, 회담의 경과 및 성과를 일일이 확인하면서 그것이 이후에 어떻게 계승되고 발전되는지를 추적했다. 이런 점에서 볼 때, 이 책이 비록 비교적 짧긴 하지만 과거 한중관계 30년사의 흐름을 파악하고 이를 법고창신(法古創新)의 지혜로 삼는 데 중요한 역할을 할 것으로 믿는다. 이 책은 기본적으로 5년 단위로 바뀌는 한국 정부의 집권시기를 분석단위로 삼아 한중 정상회담이 열린 과정을 시계열적으로 배치했고, 당시 한중관계의 구체적 성격, 쟁점에 대한 양국의 입장과 태도 등을 분석하는 한편 한중 정상회담의 구체적인 의제설정과 협상과정 그리고 구체적인 한중 정상회담의 행사진행과 보도내용을 통해 '그때 그곳(當時當地)'으로 타임머신을 타고 간 것처럼 정상회담을 생생하게 그려내고자 했다.

동일한 틀로 일관된 한중관계사를 서술하자는 편집자의 무리한 부탁에도 불구하고 여러 차례의 퇴고를 거쳐 원고를 보내준 필자들에게 심심한 감사의 말씀을 드린다. 이동률(동덕여대/노태우 정부), 이율빈(성균관대/김영삼 정부), 신종호(한양대/김대중 정부), 양갑용(국가안보전략연구원/노무현 정부), 김한권(국립외교원/이명박 정부), 이기현(한국외국어대/박근혜 정부), 장영희(성균관대/문재인 정부) 교수는 흔쾌히 이 작업에 참여해 주셨다. 부록에는 각 시기별 공동성명과 공동 언론발표문을 실어 사료의 가치를 살리는 한편 한중관계를 연구하는 분들께 자료수집의 수고를 덜어주고자 했다. 아울러 이 책을 출판하는 동안 사진과 문서자료를 수집하고 분류하는 과정에서 물심양면으로 많은 도움을 준 국가기록원, 언론기관, 주한 중국대사관에도 깊은 감사를 드린다.

한국과 중국은 떼려야 뗄 수 없는 이웃이다. 작금에는 한국과 중국에서 새로운 정부가 출범하면서 새로운 한중관계 발전을 모색하고 있다. 모쪼록 양국이 과거 한중 정상회담의 논의와 성과를 참고해 미래 한중관계 발전의 동력으로 삼기를 희망한다. 이 책의 부족한 부분에 대해서는 독자 여러분의 아낌없는 질정을 바란다.

필자들을 대신해 이희옥

한중수교 30년과 한중 정상회담

이희옥

성균관대 교수, 성균중국연구소장

한중수교 30년과 한중 정상회담

1. 한중수교 30년과 한중 정상회담의 의미

1992년 8월 24일 이데올로기와 정치체제를 달리하는 한국과 중국이 국교를 수립했다. 30년이 지난 2022년 8월 24일 한중 양국은 서울과 베이징에서 '한중관계 미래발전위원회'가 만든 공동보고서를 제출했고, 양국의 정상이 축전을 보내고 양국의 외교장관과 주재국 대사 및 양국의 위원이 참여하는 기념식을 거행했다. 그동안 한중관계는 유사한 시기에 수교한 국가들에 비해 비약적이고 전 방위적인 발전을 이루었으며 지정학, 지경학, 지(地)문화적으로 깊이 연계되는 등 떼려야 뗄 수 없는 이웃이 되었다.

한중수교 당시 양국은 "유엔헌장의 원칙들과 주권 등 영토 보존의 상호존중, 상호불가침, 상호 내정불간섭, 평등과 호혜, 그리고 평화공존의 원칙에 따라 항구적인 선린우호 관계를 발전시켜 나갈 것에 합의"했다. 실제로 이러한 정신 속에서 한중수교 협상은 한국과 중국 서로의 필요에 따라 순조롭게 이루어졌다. 그러나 한중관계를 둘러싼 국제 환경이 크게 바뀌었고, 한국과 중국 모두 국제사회에서의 위상도 크게 높아졌다. 이제는 수교 당시의 초심을 기억하면서 미래 30년을 위한 새 로운 한중관계의 위상을 정립해야 하는 단계에 접어들었다. 이런 점에 서 새로운 한중관계는 과거 정태적 안정을 추구하던 관계에서 벗어나 모든 글로벌 및 지역의 현안을 함께 논의하는 동태적(dynamic) 관계로 전환할 필요가 있다.

비록 미중 전략경쟁의 영향을 깊이 받으면서 한반도의 불확실성이 나타나고 있으나, 한중관계의 완전한 탈동조화는 가능하지도 않고 바 람직하지 않다. 물론 양국의 국가이익의 공통분모를 찾고 미래위상을 정립하는 과정에서 인식의 차이, 기대의 차이가 나타날 수 있다. 그러 나 한중협력을 확대하고 심화할수록 성숙한 양국관계 발전에 도움이 되었다는 점은 수교 이후 30년의 역사가 증명하고 있다.

이러한 한중관계 발전은 양국의 국민, 정부, 기업인 등이 노력한 결 과이지만, 양국의 역대 정상의 역사적 결단도 크게 기여했다. 모든 국 가의 정상은 국제사회에서 그 국가를 대표할 뿐 아니라, 주요 정책 결 정 과정에 영향력을 가지고 있다. 따라서 정상회담은 소통 부재에서 오는 갈등을 예방하고 양국의 협력을 발전시키는 중요한 계기가 되었 으며, 돌발상황과 구조적 위기를 안정적으로 관리하는 중요한 장치였 다. 한중 양국 정상도 역사의 고비마다 중요한 의사결정을 통해 한중 관계 발전의 기폭제 역할을 했다. 2022년 말 기준으로 양자 정상회담은 46차례 개최되었고, 핵 안보 정상회의, APEC, G-20, 한중일 정상회담 등 다양한 다자회의 계기의 정상급 교류 39회를 포함하면 약 85차례의 정 상회담이 있었다. 특히 2022년 11월 인도네시아 발리에서 새로 출범한 한국과 중국의 정상이 만났다. 여기에서 한중 양국은 경제·인적 교류 를 포함해 한반도 역내 평화와 안정, 나아가 기후변화와 에너지 같은 글로벌 이슈에 대해 협력하기로 하는 등 새로운 변화를 모색하고 있다.

이처럼 한중수교 30년을 맞아 정상회담의 성과를 살펴보는 것은 양국 정상이 관계를 격상시키고 협력 의제를 확대하고 양국의 정책 이해도를 높인 역사를 학습하고 이를 미래지향적 양국관계 발전의 중요한 이정표로 삼기 위한 것이다.

2. 한중 정상회담의 역사

1980년대부터 한중 양국은 협력의 필요성에 대한 공감대가 있었고, 1983년 민항기 불시착 사건, 1985년 중국 어뢰정 사건 등을 외교적으로 원만하게 처리하는 과정에서 상호 이해를 높였으며, 탈냉전 이후 양국의 교류협력은 본격적으로 전개되었다. 이러한 다방면의 교류를 확대하고 심화하기 위해서는 이를 보장하는 제도적, 법적, 정치적 장치가 필요했다. 특히 한국 정부는 탈냉전의 분위기 속에서 북방정책을 적극적으로 추진하면서 한중수교를 목표로 했고, 중국도 개혁개방을 보다 적극적으로 추진하기 위해서는 주변 국가, 특히 한국과 관계 정상화가 필요했다. 그 결과 1992년 한국의 노태우 정부와 중국의 양상쿤 정부는 한중수교협정에 서명하면서 양국은 적대를 청산하고 선린우호 협력관계를 맺었다.

이후 1992년 9월 27일, 노태우 대통령은 한국 공군 1호기를 타고 베이징 서우두 국제공항에 내렸다. 1949년 중화인민공화국이 건립된 이후 43년 만에 처음으로 한국인이 입국했고, 톈안먼 광장에 태극기가 걸리면서 냉전이 종식되었다는 것을 알렸다. 양국 정상은 공동언론발표문을 통해 '수교 공동성명의 기초위에서 상호 선린협력 관계를 발전시키는 것이 양국 국민의 이익에 부합될 뿐만 아니라 현재의 국제정세의

발전추세에도 일치되며, 아세아와 세계의 평화와 발전에 중요한 의의'
가 있다고 밝혔다.

김영삼 정부 시절인 1993~1997년에는 김영삼 대통령의 중국방문과
장쩌민 국가주석의 한국방문 등 상호방문이 있었고, APEC 정상회담 등
다자 무대를 포함해 다섯 차례 정상회담을 개최했다. 1995년 11월 장쩌
민 주석은 중국의 국가 정상으로는 처음 한국을 방문했다. 그는 "강한
인상을 받은 것은 한국의 경제발전이다. 중국이 따뜻해야 한국도 따뜻
하다"고 하는 등 양국 간 경제협력 관계가 매우 밀접하다는 점을 강조
했다. 이 시기의 정상회담은 이념대립 구도에서 탈피한 실용주의 성격을
지녔고, 북핵 위기를 해결하기 위해 4자회담을 만들었는데, 이후 6자회
담이라는 다자 협의체의 원형이 되었다.

1998년 김대중 정부와 장쩌민 정부는 수교 이후 '선린우호 협력관계'
를 유지해 온 한중관계를 '21세기를 향한 협력동반자 관계'로 격상했다.
처음으로 양국은 동반자(partnership) 관계를 구축했는데 이는 상호존
중, 구동존이(求同存異) 그리고 상호호혜를 의미한다. 양국은 기존의
경제통상 분야에 집중되었던 협력의 범위를 사회·문화 및 군사·안보
분야로 확대했다. 특히 당시 동아시아 외환위기 극복을 위해 한중 간
금융협력을 강화했고, 한국 대북정책의 핵심인 '햇볕정책'에 대한 중국
의 지지를 이끌어냈으며, 2000년 역사적인 남북정상회담의 기반을 마
련했다.

2003년 노무현 정부와 후진타오 정부는 기존의 협력동반자 관계를
'전면적 협력동반자 관계'로 격상시켰다. 노무현 대통령과 후진타오 국
가주석은 상호방문을 통해 전면적이고 다양한 협력의 필요성과 한반
도 문제 해법에 대한 넓은 공감대를 이루었다. 노무현 정부 시기는 양
국 협력뿐만 아니라 역내 협력으로 관심을 확대하여 ASEAN+3을 통해
서 지속적으로 협력을 확대하고 심화했으며, 지역의 평화와 공동번영

을 위해 양국이 한층 더 협력해 나가기로 했다. 또한, 역내에서 한중일 협력이 필요하다는 인식에 공감대를 가지고 한중일 FTA의 경제적 효과에 관한 3국의 공동 연구를 시작하기도 했다.

2008년에는 이명박 정부와 후진타오 정부가 기존의 '전면적 협력동반자 관계'를 '전략적 협력 동반자 관계'로 격상시켰다. 양국이 체제와 이념을 달리하고 있는 상황에서 양국관계가 '전략적' 동반자 관계로 발전한 것은 이데올로기를 넘어 지역과 국제 문제를 함께 논의하고 협력한다는 의미를 지니고 있었다. 특히 이명박 정부 시기 중국은 한국의 제1위 교역, 수출, 수입, 투자, 무역 흑자대상국의 위치를 유지했다. 한국은 중국의 제3위 교역대상국으로서의 위상을 유지했고, 인적교류를 중심으로 상당한 발전을 이루었으며 중국 내 한류(韓流) 및 한국 내 한풍(漢風)이 확산되었다. 다만 역내에서 미·중 전략적 경쟁 구도가 점차 부상하며 한미동맹과 한중협력을 병행 발전시킨다는 한국의 대외정책이 본격적인 시험대에 오르는 신호탄이 되었다.

2013년 박근혜 정부와 시진핑 정부는 기존 전략적 협력 동반자 관계의 틀 속에서 양국관계의 내실화에 합의했다. 박근혜 대통령이 2015년 9월, 중국 전승절 기념식에 천안문 망루에 오르면서 양국관계는 '역사상 가장 좋은 관계'를 구축했다는 평가를 받기도 했다. 한중 전략적 협력 동반자 관계를 내실화하기 위한 다양한 전략 소통기제의 구축과 정례화 시도가 있었고 한중 FTA의 타결 등 경제관계에서도 진전이 있었으며, 한중 간 주요 현안이었던 해양 경계획정, 불법어업으로 인한 갈등도 정상회담을 통해 해법도 제시되었다. 그러나 2016년 7월 주한 미군이 고고도 미사일 방어 체계(THAAD, 사드) 배치를 결정한 이후 양국관계는 어려운 국면을 맞기도 했다.

2017년 문재인 정부와 시진핑 정부는 기존의 전략적 협력 동반자 관계를 실질적으로 발전시키고자 했다. 특히 2017년 10월 〈한중관계 개선을 위한 양국 간 협의 결과)를 발표하면서 당시 사드 현안을 관리하는 한편, 북핵 문제해결을 위한 다양한 한중협력 방안을 모색했다. 또한 문재인 대통령이 시진핑 국가주석의 초청으로 12월 13~16일 중국을 국빈 방문한 것을 계기로, 양국은 국제문제에 소통과 협력을 강화하는 데에 상호 동의하고 향후 관계 발전의 방향을 제시했으며, 이웃 국가로서 서로의 핵심 이익을 존중하며 중대한 사안에 대해 협력동반자 관계를 안정적으로 유지하고자 했다. 또한 코로나19 상황에서도 상호 인도적 지원사업을 활발하게 전개하는 등 비교적 안정적 관계를 구축했으나, 코로나 팬데믹으로 인해 시진핑 국가주석이 임기 내 한국을 방문하지는 못했다.

3. 한중 정상회담과 한중관계의 성과

1) 정치적 성과

한중관계는 새로운 양국 정부가 출범할 때마다 외교 관계가 격상될 정도로 중요한 양자 관계였고, '옷의 띠만큼 좁은 강(一衣帶水)', '이사 갈 수 없는 이웃'이 되었으며, 이를 위해 정치적 소통도 활발하게 전개되었다. 정상급 회담 성과를 실무적으로 추진하기 위해 한중수교 이후 2022년 말까지 약 130여 차례 이상의 외교장관 회담과 실무적 고위급 교류가 있었다. 한국의 국가안보실장과 중국의 외교담당 국무위원 간 전략소통기제, 외교차관 전략대화, 인문교류 촉진위원회, 한중 경제공동위원회, 해양경계 획정 공식회담뿐만 아니라, 국책연구기관이 중심이 된 1.5 트랙 대화 등도 가동 중이다. 또한, 국회와 정당 차원에서도 한중의원 외교협의회, 한중 의회정기교류 체제 등이 있고, 정당 차원의 씽크탱크 교류도 활발하게 진행되었다. 특히 주목할 만한 것은 양국관계 발전의 걸림돌이었던 군사방면에서도 군 고위급 인사교류, 정책과 연구 그리고 군사교육 교류가 전개되었고, 한국 국방차관과 중국 부총참모장 간 국방전략대화가 개최되었으며, 국방정책 실무회의도 열렸고 양국 국방부 사이의 직통전화를 설치하는 양해각서를 체결하는 등 한중관계의 심화, 발전에 기여했다. 또한 2014년부터 한국군의 제안에 따라 중국군 유해 송환사업이 시작되어 2021년 말까지 총 829구를 실제로 송환하는 등 상호신뢰 증진에 기여했다. 이러한 인적, 물적 교류를 제도적으로 지원하기 위해 한국은 베이징, 상하이, 선양, 칭다오, 광저우, 청두, 시안, 우한, 홍콩 등에 총영사관을, 그리고 다롄에 영사사무소를 설치해 운용하고 있다. 중국도 서울, 부산, 광주에 이어 제주에 영사관을 운영하면서 주재국 국민 보호와 한중 교류협력 활동을 전개하고 있다.

2) 경제적 성과

한중수교 30년 동안 양국 협력의 성과는 경제 분야에서 가장 두드러진다. 2021년 말 현재 양국의 교역 규모는 3,016억 달러(중국통계 3,624억 달러)로 수교 당시 64억 달러 대비 47배 증가했고, 대중국 교역 비중은 1992년 4.0%에서 2021년 말에는 23.9%로 증가했다. 2021년 말 현재 한국의 대중국 교역 규모는 미국과 일본을 합친 20.1%보다도 높고 한국은 중국의 수입 2위, 수출 4위, 교역대상국 3위(홍콩과 대만 제외)가 되었다. 한편 한국의 대중국 투자와 중국의 대한국 투자도 꾸준히 증가했고 시간이 지날수록 투자의 균형이 이루어지고 있으며, 이에 상응하는 다양한 규범과 제도를 만들고 있다. 대표적으로 2005년 한국이 중국의 시장경제 지위를 인정한 이후 한중 자유무역협정(FTA) 추진을 논의해 왔으며, 2015년 12월 20일 한중 FTA가 정식으로 발효되었다. 2016년부터 상품 분야의 관세 인하가 이루어졌고 서비스·투자·금융 분야에서 상호 시장개방 확대를 위한 2단계 논의로 발전했다. 뿐만 아니라, 동아시아 경제통합을 위한 역내 포괄적 경제동반자 협정(RCEP) 발효, 한중일 FTA 논의 등 다자통상협력도 추진 중이다. 미중 전략경쟁, 코로나 팬데믹, 공급망 탈동조화, 한중 간 경제적 경쟁성 강화 등 한중 경제교류의 어려움 속에서도 양국의 교역 규모는 안정적으로 유지되고 있고, 반도체와 배터리 산업 등을 중심으로 대규모 대중국 투자가 유지되는 등 중국 시장은 한국경제의 가장 중요한 버팀목 중 하나이다.

3) 사회문화적 성과

사회문화적 차원에서는 인적교류의 확대가 가장 인상적이었다. 1992년 수교 당시 인적교류는 13만 명에 불과했지만, 코로나19로 인해 민간교류가 사실상 중단되기 이전인 2019년 말에는 1,000만 명 인적교류 시대를 열었고 매주 우리 측 73개 노선, 중국 측 71개 노선에서 각각 주 500회 이상, 1,000편 이상의 항공기가 이착륙하기도 했다. 양국의 교류협력이 활성화될 때는 약 80만 명 이상의 중국인 관광객(遊客)이 한국을 다녀가기도 했다. 코로나 이후 양국관계가 회복될 경우 개인 관광객, 주제별 관광 등 새로운 교류방식이 나타날 수 있을 것이다. 실제로 중국인의 방한 규모가 한국인의 방중 규모를 넘어서면서 교류의 불균형도 극복되었다. 중국에 상주하는 한국인 수는 코로나19 직전 약 50만 명에 달했고 베이징, 상하이, 칭다오 등의 주요 도시에는 '코리아타운'이 형성되기도 했다. 한편 지방정부 차원에서 다양한 교류협력을 전개하여 서울시를 비롯한 대부분의 지방정부가 참여해 228개의 자매교류를 맺었고, 448개의 우호 도시와 교류를 진행하고 있다.

한중 양국의 가교는 청년세대이며 특히 그중에서도 양국 유학생의 역할이 중요하다. 2021년 말 기준 중국에 체류하는 한국 유학생과 한국의 중국 유학생은 각각 67,348명과 26,949명으로 전체 외국인 유학생 44.2%와 17.2%에 달했다. 한국에서는 '중국어 배우기' 열기가 있었고 실제로 중국어 시험인 한어수평고시(HSK)를 세계에서 가장 많이 응시하고 있다. 중국에서도 한류열풍이 있었으며, 한국의 TV 드라마가 인기를 얻었다. 한편 중국에서는 K-POP 공연과 TV 드라마가 중국 팬들을 사로잡았고 다양한 합작영화 기획과 제작 등도 활발하게 전개되면서 한류 붐이 나타나기도 했다. 한동안 어려움을 겪었던 한중 문화교류는 2021년에 우리 영화 〈오! 문희〉가 중국에서 개봉되었고 〈사임당 빛의 일기〉 드라마가 중국의 방송플랫폼에서 방영되었으며 한국의 게임에 대한 중국의 신규 판호를 발급했다. 〈중국영화보도〉에 따르면 2012년에서 2021년간 누적 박스오피스 규모는 총 4조억 위안(한화 약 80조 원), 같은 기간 113억 2천만 명의 누적 관객수를 기록하기도 했다. 특히 한중 양국은 2021~22년을 한중문화교류의 해로 선포했고 160개에 달하는 다양한 활동을 전개하고 있다.

특히 한중관계 발전을 위해 인문교류를 확대하고 심화할 필요가 있다는 공감대 속에서 2013년 6월 양국은 정상회담을 통해 인문 유대를 강화하기로 합의했고, 차관급을 대표로 하는 "한중 인문교류공동위원회"를 구성했으며 한중 인문교류 촉진위원회도 가동 중이다.

4. 미래 한중관계 발전을 위한 정상회담의 과제

1) 도전 요인

한중수교 이후 30년 동안 양자 관계는 교류의 폭과 깊이가 넓어지고 심화되었으나 한중관계에 제3자 요인이 영향을 미치면서 한중관계 발전을 제약하기 시작했다. 무엇보다 미중 간 전략경쟁, 공급망 분리, 지정학적 리스크 등이 한반도와 양국관계에 영향을 미치고 있다. 그리고 한중 경제관계는 과거 보완성에 기초했으나 양국 모두 고부가가치 중심의 질적 발전을 추구하는 과정에서 경쟁성이 나타났다. 한편, 비전통적 안보문제가 본격적으로 대두했다. 미세먼지와 같은 환경문제, 기후변화, 에너지 수급, 국제테러, 전염병과 같은 보건위기 등은 초국가적으로 이동하고 있으며, 어느 한 국가의 노력으로 이루어질 수 없게 되었다. 이와 함께, 하나의 지구촌이 약화되면서 글로벌 협력이 쇠퇴하고, 경제의 안보화 등 자국중심주의가 횡행하는 상황 속에서 양국 국민 간 상호인식도 나빠지고 있다.

구체적으로는 다음과 같은 도전 요인이 있다. 첫째, 한미동맹이다. 한국은 외교정책의 기조로 한미동맹이라는 기본 축을 줄곧 유지해왔으나, 중국은 한미동맹이 제3국을 겨냥해서는 안 된다는 점을 강조하고 있다. 둘째, 한반도의 평화와 안정의 문제이다. 한국과 중국 모두 한반도 비핵화를 지지하고 있으나 한국은 북한의 선 비핵화 조치 이후 담대한 경제협력을 강조하는 반면 중국은 관련 당사국들이 대화를 통한 정치적 해결을 강조하고 있다. 셋째, 글로벌 가치사슬과 공급망의 변화이다. 한국과 중국은 보호주의가 지구촌의 협력을 제약한다는 점에서 공급망 안정의 필요성에 동의한다. 상대적으로 한국은 규범 질서를 강조하고 있고, 중국도 진정한 다자주의와 제3국시장 공동진출을 제안했다. 마지막으로 양국 간 인식의 차이가 확대되는 문제이다. 국가 간 교류는 민간이 서로 친해야 하고, 민간이 친하기 위해서는 마음이 서로 통해야 하지만, 한국과 중국의 청년세대들이 인터넷 공간에서 부정적 기억을 증폭하는 현상도 나타나고 있다.

2) 새로운 한중관계와 정상회담의 방향

한중수교 30년 동안의 협력 경험을 확대하고 차이를 줄이면서 현재의 전략적 협력 동반자 관계를 내실화하는 한편, 미래 30년을 위한 양국관계 발전 방향을 수립할 필요가 있다.

첫째, 상호존중의 정신이다. 비대칭적 힘을 통한 국가 간 관계는 지속가능하지도 바람직하지도 않다. 서로의 차이를 인정하고 협력을 추구하는 구동존이(求同存異)와 상대의 입장을 존중하면서 강요하지 않는 화이부동(和而不同)을 통해 호혜 협력을 발양할 필요가 있다.

둘째, 공동진화를 통한 지역협력이다. 기후변화, 팬데믹, 디지털 전환의 시대에 각자도생은 위험하다. 이런 점에서 한중 양국은 함께 가야 멀리 갈 수 있고 멀리 가기 위해서는 함께 가야 한다는 지혜를 살려, 제로섬(zero-sum) 대신 포지티브 섬(positive-sum)의 길을 찾아야 한다. 특히 한중 양국은 상호 무역과 투자 환경 조성, 새로운 분야에서의 협력 기반 조성, 전통 분야에서의 새로운 협력 모멘텀 및 방식 모색, 불확실성 제거를 위해 보다 높은 수준의 대외개방을 지속해야 한다. 특히 탄소중립 분야의 새로운 협력 기제를 마련하고 공급망을 안정화하기 위해 협력하는 한편, 글로벌 이슈, 지역협력, 제3의 시장개척을 통한 평화 등 협력할 공간은 충분히 넓다.

셋째, 창의적 사고이다. 한국과 중국은 체제와 이념 그리고 제도를 달리하고 있으나 이를 넘어서 협력하는 지혜가 필요하다. 한국과 중국 모두 자신의 특색을 지닌 길을 걷고 있다. 이 과정에서 서로 다른 체제와 제도의 차이가 나타날 수는 있으나, 모든 문제를 이념으로 환원해서는 안 된다. 개방적이고 포용적인 초국가적 플랫폼을 구축하고 이를 위한 구체적인 선도프로그램을 제시하는 등 실사구시적 태도가 필요하다. 특히 양국 국민의 문화적 · 정서적 공감대 확산을 위한 질적 교류를 통해 더 많은 이익과 공감을 경험할 수 있도록 해야 한다. 특히 양국 교류에서 지방과 민간의 다양한 단체가 주체가 되는 사회적 교류 및 협력을 지원하기 위해 양국 정부가 창의적 방안과 정책을 모색해야 할 것이다.

넷째, 미래 의제에 대한 협력이다. 세계는 기후변화, 전염병, 에너지 전환을 위한 국제협력을 강화하고 있다. 한국과 중국도 각각 2050년, 2060년을 탄소 중립을 선언했다. 한중 간에도 대기오염, 코로나, 테러 등 단일 국가가 해결하기 어려운 문제가 있다. 이런 점에서 에너지 수송망 연결, 전력망 연계 등 녹색 대전환에 따른 미래 협력을 더욱 확대해야 한다. 이를 위해 한중 양국은 적극적으로 협력하고 개방적, 포용적, 다자적 질서를 더욱 발전시키는 과정에서 공동이익을 추구해야 한다.

다섯째, 위기관리 메커니즘을 구축해야 한다. 한중관계가 전방위적으로 발전하는 과정에서 모든 문제를 예방하기는 어렵다. 이를 위해 위기가 나타났을 때 신속하게 관리할 수 있어야 한다. 이를 위해 고위급 전략대화 등을 제도화하는 등 다양한 기제를 구축해야 한다. 특히 공중 및 해상에서의 우발적 충돌을 예방하고 상호신뢰를 높이기 위해 한중 군사 당국 간 소통을 강화하고 공동 규범을 마련하는 것이 필요하다. 정치외교, 경제통상, 사회문화 등 각각의 분야에서 발생하는 갈등이 타 분야로 확대되지 않도록 하는 '이슈 분리'의 원칙을 지켜야 할 것이다.

노태우 정부 시기(1988~1992)의 한중 정상회담

이동률
동덕여대 교수

노태우 정부 시기(1988~1992)의 한중 정상회담

1. 노태우 정부 시기 한중관계 개괄

노태우 대통령은 선거유세 과정에서부터 이미 중국과의 수교를 주요 공약으로 제시하면서 한중수교에 대한 남다른 의지를 표명했다. 1988년 2월 취임사에서도 노태우 대통령은 북방정책 구상을 재차 강조했으며 '남북통일에 관한 대통령 특별선언(7.7선언)'을 발표하면서 처음으로 '중국'이라는 명칭을 사용하는 등 중국에 적극적으로 관계개선의 메시지를 전달했다. 그런데 중국은 이미 1980년대 중반 이후 한국과 무역을 비롯한 다양한 간접 교류가 이루어지고 있음에도 불구하고 본격적인 수교 협상에 착수하기 직전까지도 한국과의 정치외교 관계 발전에는 유보적인 입장을 고수했다. 중국 정부는 한국과의 경제, 체육, 문화 등 민간영역에서의 교류부터 점진적으로 관계 발전을 모색했다.

한중관계는 1980년대 중반 홍콩 등을 경유한 간접 경제교류가 이루어졌다. 그리고 양국은 1986년 서울 아시안게임, 1988년 서울 올림픽,

그리고 1990년 베이징 아시안게임에 상호 대규모 선수단을 파견하면서 대형 스포츠 행사를 계기로 민간교류를 단계적으로 활성화하였다. 1986년 아시안 게임에는 중국 선수단이 직항기편으로 서울에 왔었고 1988년 올림픽 대회 중에는 대한항공기의 중국 영공 통과가 허용되었다. 양국은 체육 교류를 통해 오랜 단절의 역사로 초래된 상호 이해 부족을 해소할 수 있는 기회가 되었고 양국 간 경제협력을 활성화하는 중요한 계기가 되었다. 1987년 10월에는 중국 정부가 한국과 인접한 산둥반도와 랴오둥반도를 대외개방지구로 설정한데 이어서 1988년 3월에는 산둥성을 한국과의 경제협력 창구로 지정하면서 직접교역 의사를 표명하였다. 그리고 한국 정부는 1988년 10월 국민들의 중국 관광 여행을 허용했고 11월에는 한국 외환은행과 중국 은행 간의 환거래 계약이 체결되어 양국 간 직접 교역이 증가하게 되었다.

한중 양국 간의 경제 통상관계는 지리적 인접성과 양국 경제구조의 상호보완성 등을 바탕으로 급속히 증가하여 1979년 1,900만 달러였던 교역 규모는 88년 31억 달러, 92년엔 82억 달러로 빠르게 성장했다. 1993년에는 90억 달러를 초과하여 중국은 미국, 일본에 이은 한국의 제3교역상대국으로 부상하였고 중국에게 있어 한국도 4대 교역국으로 도약하였다. 그리고 중국에 삼성, 선경, 금성과 같은 한국 대기업들이 진출하는 기회도 얻었다. 양국 간의 인적교류도 지속적으로 증가하여 1993년에는 15만 명을 넘어섰고 그 내용에 있어서도 친척방문 위주에서 상용목적, 교환 및 학생연수 등으로 다변화되어갔다. 경제협력과 인적교류가 급증하면서 이를 뒷받침해 주는 제도적, 법적, 정치적 장치가 필요해졌고 한중수교 분위기도 점차 무르익어 갔다.

<표 1> 한중 무역 동향

(단위: 백만 달러)

구분	1988년	1989년	1990년	1991년	1992년	1993년
수출	1,700	1,440	1,553	2,370	4,490	5,150
수입	1,387	1,700	2,268	3,400	3,720	3,930
계	3,087	3,140	3,820	5,770	8,210	9,080

<표 2> 한중 인적교류 동향

(단위: 백만 달러)

구분	1988년	1989년	1990년	1991년	1992년	1993년
방중	5,750	13,620	31,934	43,00	43,000	111,000
방한	3,601	9,340	25,215	44,000	45,000	40,000
계	9,360	22,960	57,149	87,000	88,000	151,000

2. 노태우 정부 시기 한중관계의 주요 쟁점 및 사안

1) 한중 무역대표부 설치

1988년 서울 올림픽 이후 중국의 한국에 대한 인식에 변화가 있었고 한국과의 교류에도 보다 전향적인 태도를 보였다. 1989년 5월에는 이규성 재무장관이 베이징에서 개최된 아시아 개발은행(ADB) 총회 참석차 한국 정부 관료로는 처음으로 중국을 방문하였다. 중국은 1989년 1월 국제무역촉진위원회(CCPIT)의 명의로 대한무역공사에 서울과 베이징에 두 기관의 사무소를 상호 개설하자는 제의를 해왔다. 그에 따라 3월과 5월 서울과 베이징을 오가며 곧바로 실무 회의를 진행했다. 한국은 개설될 사무소가 사실상 정부 간 기관으로 보다 포괄적인 역할을 수행하도록 설치하여 이를 발판으로 수교를 진전시켜가고자 협의를 진행했다. 반면에 중국은 두 기관 간의 합의 형식을 주장하며 민간 영역에서의 사무소 개설이라는 입장을 견지했다. 이러한 입장 차이 속에 양국이 쉽게 합의에 도달하지 못하는 사이 중국 국내의 정치적 사건으로 말미암아 협의는 더 이상 진전되지 못했다.

이후 1990년 4월 중국 국제우호연락회가 선경그룹 이순석 사장을 초청하여 톈지윈(田紀雲) 경제담당 부총리와 면담하는 자리에서 중국 측은 무역사무소 교섭 재개 메시지를 다시 전달해왔다. 이 메시지는 당시 청와대 김종인, 김종휘 수석을 통해 노태우 대통령에게 전달되면서 협의는 급물살을 타게 되었다. 특히 베이징에서는 9월 아시아경기대회를 개최하였고 그 과정에서 1988년 서울 올림픽을 개최했던 한국의 운영 경험과 기술을 적극적으로 중국에 지원하게 되었다. 당시 한국의 베이징 아시아 경기대회 지원은 한중 양국이 상호 인식을 새롭게 하고 관계 개선으로 향하는 중요한 계기가 되었다.

아시아 경기대회 직후 10월 외교부 김정기 아주국장이 대한무역진흥공사 부사장 자격으로 협상 대표단을 구성하여 교섭을 진행했고, 마침내 10월 20일 베이징에서 이선기 대한무역진흥공사 사장과 정홍예(鄭鴻業) 국제상회 회장이 양측 간 무역사무소 개설에 관한 합의서에 서명하고 1991년 1월에 양국 무역대표부를 개설하였다. 한국은 무역대표부 초대 대표로 외교부 차관을 역임한 노재원 대사를 파견하여 사실상 외교 기능을 부여하면서 수교에 대비하고자 하였다.

무역대표부 개설 협의 초기에 중국은 준정부 기관인 국제무역촉진위원회(CCPIT)가 협상 창구였다가 나중에 실제 공식 협상기구는 국제상회(CCOIC)라는 형식상 민간 기구를 전면에 내세워 한국 대한무역진흥공사의 협상 파트너가 되게 하였다. 그리고 한국 정부는 대표부가 사실상 재외공관의 기능을 하는데 초점을 두고 외교관을 중심으로 파견한 반면에 중국은 경제협력에 방점을 두고 대표부를 개설 운영하였다. 한국 측 대표부는 베이징에서 중국 국제상회를 경유해서 경제관련 부처의 국장급 이하 수준에서만 면담이 허용되기도 했다.

2) 남북한 유엔 동시 가입

노태우 정부는 북방외교의 성과에 힘입어 남북한의 유엔 동시 가입을 적극적으로 추진했다. 1991년 5월 3일 리펑(李鵬) 총리는 북한 방문 계기로 열린 총리회담에서 "만일 한국이 다시 유엔 가입안을 제출할 경우, 이미 한국과 수교한 소련이 반대하지 않는다면 중국만 반대를 고수하기는 어렵다"는 의사를 전달했다. 그리고 5월 4일 김일성 주석은 리펑 총리와의 회담에서 중국과 협력하겠다는 의사를 표시했다. 이를 계기로 북중 간에 남북한 유엔 동시 가입과 관련한 협의가 진행되었다. 첸치천(錢其琛) 중국 외교부장은 1991년 6월 17일에서 20일 사이 이 문제를 논의하기 위해 평양을 방문하여 김영남 외상, 김일성 주석과 회담했다. 중국은 유엔 절차상에 북한이 우려하는 상황이 발생하지 않을 것을 설명하며 설득하였고 북한으로부터 남북한 유엔 동시 가입에 대한 동의를 받아냈다. 그 결과 마침내 1991년 9월 17일 유엔 총회에서 남북한 동시가입 결의안이 통과되었다.

남북한 관계 개선과 유엔 동시 가입 등 일련의 과정은 중국의 입장에서는 한국과 수교를 진행하는 데 있어 중대한 장애 요인이 해소되었다는 의미가 있었다. 남북한 유엔 동시 가입 이후 북한은 한국과의 대화에도 적극적으로 참여하면서 남북한 기본합의서 채택과 함께 NPT 가입, 한반도 비핵화 공동선언, IAEA 핵사찰 수용 등 일련의 중요한 조치들을 진행시켜 갔다. 남북한의 유엔 동시 가입이 성사되고, 남북한 대화가 진전되고 4강의 남북한 교차승인 가능성이 제시되면서 중국은 한국과의 수교에 대해 적극적으로 고려하게 되었다.

3) 서울 APEC 각료 회의 개최

남북한 유엔 동시가입이 성사되고 두 달 이후인 1991년 11월 12일 APEC 각료회의가 서울에서 개최되었다. 일단 유엔 동시가입을 계기로 유엔에서 한중 양국 외무장관 회담이 성사되었으며, 중국 외교부장이 서울 APEC 회의 참여를 계기로 최초로 한국 방문이 이루어졌다. 중국 첸치천 외교부장은 APEC 각료회의에 참석하여 노태우 대통령과 별도의 단독 면담을 가졌다. 이 면담은 사실상 한중관계에 중대한 진전이 있었음을 국제사회에 알리는 신호가 되었다.

첸치천 외교부장은 노태우 대통령과의 단독회담에서 한중관계 발전을 언급하면서 동시에 미국과 일본이 북한과의 관계를 개선하길 희망한다는 발언을 한 것으로 전하고 있다. 노태우 대통령도 중국이 북한을 의식해서 한국과의 수교를 유보하고 있음을 이해하고 있었기 때문에 중국과 남북한 모두에게 유리한 관계를 구축할 수 있다며 중국을 설득하였다.

첸치천 외교부장이 서울 APEC 회의에 참석할 수 있었던 배경에는 한국이 의장국으로서 5차에 걸친 협상을 통해 'China, Chinese Taipei, Hong Kong'이라는 명칭으로 중국, 대만, 홍콩이 동시 가입하는 타협안을 제시하여 성사되었다. 협상을 주도한 이시영 대사는 중국 방문 시 가진 첸치천 부장과의 단독 면담에서 "이번에 중국을 APEC에 가입시킨 일이 중국과 대한민국 간 관계의 정상화 시기를 앞당기게 될 것"이라며 첸 외교부장이 한중수교의 진척을 암시했다고 전한 바 있다.

그리고 3월 전국인민대표대회에서 열린 첸치천 외교부장 기자회견장에 처음으로 중국 기자의 입장이 허용되었고 한국 기자들의 질문에 "남조선과 언제 수교를 할지 아직 구체적 일정은 없다"고 답하며 이전까지 일관되게 유지하던 "남조선과 관계를 발전시키지 않는다"는 대답

과는 분명히 달라진 모습을 보여주어 언론의 주목을 받았다. 그리고 APEC 회의 5개월 후 중국은 베이징에서 이상옥 장관에게 공식적으로 수교 협상을 제의했다. 요컨대 1990년대 한국과의 관계를 경제 교류에 한정해왔던 중국은 APEC 회의를 계기로 공식 외교 접촉을 진행하고 수교 논의 가능성도 시사했던 것이다.

3. 한중수교 협상 과정

1) 수교 협상 개요

한중 양국 간 본격적인 수교 논의는 1992년 4월 13일 베이징에서 개최된 아·태지역경제사회이사회(ESCAP) 제48차 연차총회에 47차 총회 의장 자격으로 당시 이상옥 외무장관이 한국 외무장관으로는 역사상 처음 중국을 공식 방문하면서 시작되었다. 총회 전날 4월 13일 한중 외교 장관 간 확대회담과 축소회담이 개최되었다. 중국 측은 확대회담 후 통역만을 배석시킨 양국 외교 장관 간 단독회담을 제의했고 이 자리에서 첸치천 외교부장이 이상옥 장관에게 수교문제를 협의할 외교 당국 간 비밀 교섭창구 개설을 제의하였다. 당시 이상옥 장관은 한국 역시 이 회담을 통해 중국에게 수교 협상을 정식 제의할 계획을 갖고 있었다고 밝힌 바 있다. 그리고 이어서 이상옥 장관이 리펑 총리를 예방한 자리에서 리펑 총리는 이른바 '물이 흐르면 도랑이 생긴다(水到渠成)'는 고사성어를 인용하면서 양국 간의 실질적인 협력 관계가 계속 확대되어 나가면 좋은 성과를 거둘 수 있을 것이라고 말했다. 아울러 리 총리는 한중 양국이 이웃나라인 만큼 지도자 간의 접촉과 상호방문이 필요하다고도 언급했다.

한중 양국 정부는 각각 본회담 수석대표와 예비회담을 대표로 임명하고 베이징과 서울에서 수교 논의를 시작했다. 한국 청와대의 김종휘 외교안보 수석과 중국 외교부의 쉬둔신(徐敦信) 부부장이 본회담 수석대표, 권병현 대사와 장루이제(張瑞杰) 대사가 예비회담 대표로 정해졌다.

한중 양국은 비밀리에 신속하게 수교 협상을 진행했다. 한국 측 예비회담 대표단은 권병현 본부 대사를 수석대표로 변종규 청와대 외교안보비서관, 한영택 외교안보연구원 수석연구관, 김하중 주베이징 무역대표부 참사관, 신정승 외교안보연구원 연구관, 이영백 동북아2과 사무관 6명으로 구성되었다. 2차 예비회담부터는 이용준 청와대 서기관이 추가되었다. 중국은 장루이제 대사가 수석대표, 리빈(李濱) 외교부 한국과장, 탄징(譚靜) 아주국 1등 서기관, 딩즈좡(丁志壯) 타이완 사무 판공실 부처장, 싱하이밍(邢海明) 한국과 직원 등 5명이 참여했다.

서울과 북경을 오가면서 3차례 예비회담(1차: 5월 14~15일, 2차: 6월 2~3일, 3차: 6월 20~21일)을 진행했다. 1차와 2차 예비회담은 베이징 댜오위타이(釣魚臺) 국빈관에서 개최되었고, 3차 예비회담은 서울 워커힐 호텔에서 열렸다. 1차 예비회담은 상호입장을 타진하는 회의였다. 양국 대표단은 한반도 정세, 북한 핵문제, 그리고 대만문제에 대해 상호 입장을 개진하고 논의하였다. 그리고 2차 예비회담에서는 본격적으로 대만문제와 한반도 평화 통일 문제 등에 대해 집중적인 논의가 이루어졌다. 3차 예비회담에서는 그동안의 회담결과를 토대로 양국 간 외교 관계 수립에 관한 문서 초안 작성이 진행되었다. 사실상 3회의 예비회담을 통해 협상은 완료되고 수교 공동성명 초안이 완성되었다.

본회담은 한국 노창희 외무 차관과 중국 쉬둔신 외교부 부부장을 수석 대표로 양측 예비회담 대표단 전원이 참석하여 7월 29일 댜오위타이 국빈관 12호각 회의실에서 개최되었다. 본회담에서는 예비회담에서 합의한 공동성명 문안에 가서명함으로써 수교 협상을 완료했다. 예비회담 개시부터 2달여 만에 합의에 도달한 것이다. 수교 공동성명의 초안이 3차 예비회담에서 이미 완성된 것을 감안하면 사실상 협상은 본회담 개최 전 3번의 예비회담을 통해 거의 한 달여 만에 완료되었다.

한중 양국 모두 수교에 이르기까지 오랜 준비과정을 통해 쟁점에 대해서 상호 일정한 이해가 있었기 때문에 신속하고 효율적인 협상이 가능했다. 아울러 비밀 유지가 중요하다는 양국 간의 공감이 있었던 것 또한 신속한 협상에 영향을 주었다.

2) 수교 회담의 주요 의제

수교 협상 과정에서 제기된 주요 쟁점들은 예상을 크게 벗어나지 않았다. 중국은 '하나의 중국' 원칙에 따른 대만과의 단교를 수교의 전제조건으로 요구했다. 한국은 수교 이후 대만과의 관계에 대한 최대한 배려, 한반도 평화적 통일에 대한 중국 측의 명백한 지지 표명, 그리고 한국전에 대한 중국의 의사표시 문제를 집중 거론하였다. 한국과 대만의 단교 문제는 이미 미국을 비롯하여 중국과 수교한 모든 국가에서 진행한 선례가 있었고, 한국 역시 수용할 의사를 갖고 있었기 때문에 협상 과정에서 크게 쟁점이 되지는 않았다. 북한 문제 역시 이미 남북한 유엔 동시 가입이 실현되어 중국의 부담을 덜었기 때문에 특별한 장애 요인이 되지 않았다.

다만 한국 측은 중국이 한국전 참전에 관련하여 다시는 그러한 불행한 일이 없도록 하자는 취지로 중국 측 해명이 있어야 한다는 주장을 펼쳤지만 중국 측에서 수용하지 않았다. 중국은 북중 동맹조약이 당시의 역사적 상황에서 체결된 것으로 한중관계 발전에 장애가 되지 않을 것이며, 한국전 참전에 대해서도 오래된 역사문제이므로 양국관계 정상화를 논의하는데 과거 문제를 제기하는 것은 불필요한 논쟁만 야기할 것이라는 입장을 피력했다. 결국 양측이 수용하기 어려운 상이한 주장에 대해 서로가 각기 입장을 개진하였음을 예비회담 기록에 남기는 방식으로 처리되었다.

그밖에 중국 측은 한국에 있는 대만 대사관 부지 및 건물 등 재산문제 처리에 대해 한국 측의 협조를 요청했다. 그리고 한국 측은 수교협상 과정에서 노태우 대통령의 중국 방문과 정상회담을 통해 수교를 공표하자는 제안을 했다. 실제 수교 협상이 2개월이라는 짧은 시간에 마무리되었던 것을 감안하면, 수교 협상에서 치열한 다툼과 논의가 진행되었다기보다는 수교를 성사시키기 위한 조건을 확인하고 수렴해가는 과정이었다고 할 수 있다.

3) 수교 공동성명

한중 양국은 1992년 8월 24일 한국의 이상옥 외무장관과 중국의 첸치천 외교부장이 중국 베이징(北京)에서 '한중 외교관계 수립에 관한 공동성명'에 서명함으로써 국교를 수립하게 되었다. 이로써 한중 양국은 한국전쟁 이후 지속되었던 적대적 관계를 공식적으로 청산하고 "주권 및 영토보존의 상호존중, 상호불가침, 상호 내정불간섭, 평등과 호혜, 그리고 평화공존의 원칙에 입각하여 항구적인 선린우호 협력관계를 발전시켜 나가자"고 합의하였다.

수교 공동성명은 전체 6개 항으로 이루어졌다. 1항에서는 수교 결정을 명시하였고 2항에서는 앞서 언급한 양국이 합의한 유엔 원칙 등 기본 원칙을 천명하였다. 3항에서는 하나의 중국만이 있고 대만은 중국의 일부라는 중국의 입장을 존중한다는 내용이 들어 있다. 5항에는 한반도가 조기에 평화적으로 통일되는 것이 한민족의 염원임을 존중하

고 한민족에 의해 평화적으로 통일되는 것을 지지한다는 내용을 담았
다. 그리고 4항에는 양국 수교가 한반도 정세의 완화와 안정, 그리고
아시아의 평화와 안정에 기여할 것으로 확신한다고 명시하였다. 그리
고 마지막 항에는 대사관 개설과 대사 교환에 대한 합의 내용을 기술
하고 있다.

한중수교는 양국의 오랜 적대적 관계를 청산했음은 물론이고 동아
시아 냉전구도에 극적인 변화를 초래한 역사적 사건임에 의심의 여지
가 없다. 한중수교는 한국전쟁 이후 지속되어 온 한중 양국의 대립과
단절의 역사를 청산한 것이며, 더 나아가 1894년 청일전쟁 이후의 잃어
버린 역사를 복원하는 것이라고도 평가되었다. 양국관계는 수교 이후
과거 40여 년간의 적대와 단절, 그리고 비공식적 교류의 시기를 극복하
고 매우 빠르게 발전하였다.

중국은 한중수교로 양국 간 경제와 무역관계가 더욱 발전할 것이라
는 논평을 내놓았다. 그리고 노태우 대통령은 특별 담화를 통해 수교
의 의미를 강조했다. 즉 수교를 통해 한중 양국은 비정상적 상황을 타
개하고 불행했던 관계를 선린우호 협력관계로 발전시키는 역사적 의
의가 있다고 강조했다. 아울러 한중수교는 한반도의 평화적 통일과 안
정, 그리고 남북한 관계 발전에도 좋은 영향을 주게 될 것으로 기대된
다고 하였다.

4. 노태우 정부 시기 개최된 정상회담 : 1992년 9월 베이징 회담

1) 정상회담 개요

한중수교 이후 1992년 9월 27일부터 30일까지 노태우 대통령은 중국

노태우 대통령이 중국을 방문하여 중국 교포들의 환영을 받고 있다.
(1992년 9월 27일 베이징)
출처: 국가기록원

양상쿤 국가주석의 초청으로 한국 대통령으로서는 최초로 국빈으로서 중국을 공식 방문하였다. 당시 방중에는 14명의 공식 수행원과 51명의 비공식 수행원, 72명의 수행 기자단, 그리고 38명의 경제계 대표들이 수행했다. 중국 정부의 공식 환영식이 9월 28일 오전 10시 인민대회당 동편 광장에서 양상쿤 국가주석 등 중국 정부 요인들이 참석한 가운데 거행되었다.

노 대통령과 양 주석 간의 정상회담은 공식 환영식이 끝난 후 10시 15분부터 12시 05분까지 진행되었다. 단독회담과 확대회담으로 나누어 진행되었다. 단독회담에는 한국 측에서는 김종휘 외교안보 수석, 이상옥 외무부 장관과 통역으로 이영백 사무관이 참석했고 중국 측에서는 첸치천 외교부장, 쉬둔신 외교부 부부장, 그리고 리빈 외교부 한국과장이 통역으로 참여했다. 확대 회담에는 한국에서 한봉수 상공장관, 김진현 과기처 장관, 이필섭 합참의장, 노재원 주중대사, 정해창 비서실장

노태우 대통령의 방중을 환영하는 리펑 총리.
(1992년 9월 27일 베이징)
출처: 국가기록원

등 공식 수행원이 참석했고, 중국 측에서는 리란칭(李嵐淸) 대외경제무역 부장, 후이용정(惠永正) 국가과학기술위 부주임, 장팅옌(張庭延) 주한대사, 왕잉판(王英凡) 외교부 아주국장, 우젠민(吳建民) 외교부 신문국장이 배석했다. 정상회담을 마친 후 노 대통령은 댜오위타이 국빈관에서 한중 양국 경제계 인사들을 위한 오찬행사를 가졌다. 그리고 저녁 7시 반부터는 인민대회당 서대청에서 양상쿤 주석이 주최한 공식 만찬행사에 참석했다.

노 대통령은 양상쿤 주석과의 정상회담을 비롯하여 장쩌민(江澤民) 당 총서기, 리펑 국무원 총리와도 회담을 가졌다. 9월 29일 12시부터 약 50분간 댜오위타이 국빈관 18호각에서 리펑 총리를 접견했고 리펑 총리가 주최한 오찬에 참석했다. 그리고 오후 3시 15분부터 4시까지 인민대회당 복건청에서 장쩌민 공산당 총서기와도 회담했다. 노 대통령은 중국 지도자들과의 회담에서 주로 남북한 관계, 한반도의 평화통일,

그리고 북핵문제에 대해 논의했다. 중국 지도자들은 중국의 개혁 개방 정책과 성과에 대해 소개하고 한국의 경제발전 성취에 대해서도 관심을 표명했다.

한중 양국은 9월 24일 수교 공동성명을 발표한 직후에 개최된 정상회담이었던 것만큼 공동성명을 대신해서 공동언론발표문을 발표했다. 발표문에 따르면 노태우 대통령과 양상쿤 주석은 "우호적인 분위기 속에서 회담을 가졌으며 양측은 각각 자국의 정치, 경제 현황에 관해 소개했다"고 전하고 있다. 한중 양국 지도자들은 한중수교의 의의를 높이 평가하면서 양국이 과거의 비정상 관계를 청산하고 수교공동성명의 기초위에서 상호 선린협력 관계를 발전시키는 것이 양국 국민의 이익에 부합될 뿐만 아니라 현재의 국제정세의 발전추세에도 일치되며, 아세아와 세계의 평화와 발전에 중요한 의의를 가지고 있다고 인식하였다.

2) 정상회담 주요 의제와 성과

양국은 정상회담의 결과를 사전 협의를 통해 공동 성명이 아닌 공동언론 발표문 형식으로 발표하기로 했다. 공동 언론 발표문은 양측에서 김석우 아주국장과 왕잉판 아주국장을 대표로 하는 실무회담을 개최하여 양측의 초안을 검토하고 절충하였다. 공동 언론 발표문을 합의하는데 대체로 큰 장애는 없었으며 두 가지 문안에 대한 논의가 있었다. 우선 일반 국제정세에 대한 평가에 대해 양측이 의견이 일치하지 않아서 항목에 포함시키지 않았다. 그리고 수교 협상 때와 마찬가지로 한국 측은 한국전쟁 참전과 관련한 과거사 문제에 대한 언급을 포함시킬 것을 제안했지만 중국 측과 협의 과정에서 "과거의 비정상 관계를 청산"한다는 구절로 절충되었다.

양국 정상회담의 의제는 크게 세 영역으로 대별해 볼 수 있다. 즉 한중 양자 차원의 협력, 한반도 현안, 그리고 동북아 및 아태지역에서의 협력으로 정리할 수 있다.

첫째, 양국 정상은 수교 이후 한중 양국의 우호협력 관계 발전에 관해 논의했다. 양국은 향후 경제, 무역, 과학기술, 교통, 문화, 체육 등 제반 분야에서의 교류와 협력을 적극 추진키로 논의했다. 양국 간 상호 선린협력 관계를 발전시키는 것이 양국 국민의 이익에 부합될 뿐만 아니라 현재의 국제정세의 발전추세에도 일치되며, 아세아와 세계의 평화와 발전에 중요한 의의를 가지고 있다고 인식하였다.

둘째, 노태우 대통령은 정상회담에서 한반도 문제를 논의의 의제로 제시했고 이는 공동 언론 발표문에도 포함되었다. 노 대통령은 한반도의 비핵화, 남북대화, 평화통일 실현에 관한 한국 측의 입장을 설명하였다. 그리고 이에 대해 중국 지도자들도 남북대화의 진전과 한반도 평화통일에 대한 지지 의견을 제시했다. 즉 "중국 지도자들은 한반도에서의 남북대화가 진전을 이룩하고 있는 것을 높이 평가하고, 한반도 비핵화 공동선언의 목표가 하루속히 실현되기를 희망하고 남북한 쌍방이 한반도의 자주 평화통일을 조속히 실현하는 것을 지지함을 재천명하였다." 그리고 양국 지도자들은 한반도의 긴장 완화가 전체 한국민들의 이익에 부합될 뿐만 아니라 동북아지역 및 아세아 지역 전체의 평화와 안정에 유익하며 이와 같은 완화추세가 계속 발전되어 나가야 한다는 데 합의하였다.

셋째, 지역 차원의 경제협력을 강화하는 데 합의했다. 즉 양국 지도자들은 동북아지역 및 아태지역의 경제협력을 강화하는 것이 역내 국가들의 발전과 공동 번영에 유익하다고 인식하고, 양측은 아세아 태평양 경제협력체(APEC) 등 기타 역내 경제협력 기구에서 협력하는 데 합의하였다.

그리고 마지막으로 노태우 대통령은 중국 측의 열렬한 환대에 사의를 표하고, 양상쿤 국가주석이 편리한 시기에 한국을 방문해 주도록 초청하였으며, 양상쿤 주석은 이에 감사를 표하고 동 방한 초청을 흔쾌히 수락하였다.

아울러 정상회담을 통해 수교 이후 양국 간 교역과 경제협력을 더욱 증대시킬 수 있는 기반을 구축하는 구체적이고 실질적인 성과를 거두었다. 중국 공식 방문 마지막 날인 9월 30일 오전 9시 댜오위타이 국빈관 18호 회의실에서 양국 정상이 임석한 가운데 한중 양국 간에 4개 협정이 체결되었다. 4개 협정 가운데 무역협정과 투자보장 협정은 대한무역진흥공사와 중국 국제상회 간 민간 협정으로 체결되었던 것을 정부간 협정으로 대체하였다. 그리고 과학기술 협력협정과 경제, 무역, 기술 공동위원회 설치 협정을 새로 체결하였다. 그리고 빠른 시일 안에 항공 및 해운 협정과 이중과세 방지 협정을 체결하기로 합의했다.

5. 소결 : 한중수교라는 역사적 서막을 올리다

한중 양국은 1910년 이후 80여 년의 비정상적인 단절, 그리고 한국전쟁 이후 40여 년의 적대의 시기를 청산하고 마침내 1992년 8월 24일 역사적인 수교를 이루었다. 한국 정부의 중국과의 관계개선 의지는 1970년대 박정희 정부에서 시작하여 이후 전두환 정부로 이어졌고, 마침내 1988년 노태우 정부의 북방정책을 통해 보다 명확해졌다. 중국은 한국의 적극적인 관계개선 의사 표출에 대해 북한을 의식하면서 80년대 초반 이후 관계개선의 속도 조절의 과정을 밟아 오면서 점진적이고 단계적으로 변화해 왔다. 그리고 1991년 이후 중국이 한국과의 수교 협상에 호응하게 된 배경에는 여러 외부환경의 변화도 있었다. 즉 냉전이 종식되고 중소관계 개선이 이루어졌으며 한반도에서는 1991년 남북한 유엔 동시가입과 남북대화가 극적으로 진전되면서 중국의 우려와 부담이 완화되었던 것이다.

요컨대 1992년의 한중수교는 냉전의 종식이라는 국제환경의 변화 속에서 노태우 정부의 적극적인 북방외교 추진과 덩샤오핑 체제의 개혁개방정책 및 주변지역에 대한 이른바 '선린외교(睦隣外交)' 추진이 조우한 결과였다. 탈냉전이라는 새로운 국제정세는 한반도 정세에도 영향을 미쳤다. 남북한 관계에 새로운 변화의 모멘텀을 제공하여 남북기본합의서의 채택과 남북한 유엔 동시 가입을 성사케 했다. 그리고 남북한 관계 개선과 남북한 유엔 동시 가입은 상당기간 동안 한국과의 수교를 주저해왔던 중국에게는 중요한 장애 요소를 해소하는 효과를 초래했다. 비록 한중수교 초기 양국관계 발전은 주로 경제적 동기에 의해 촉진되었지만 그 이후 경제협력 확대를 위한 제도화의 필요성 증대, 그리고 국제환경 및 중국 대외전략의 변화에 의해 점차 정치영역에서의 관계 발전으로 확대되어 갔다.

김영삼 정부 시기(1993~1997)의
한중 정상회담

이율빈
성균중국연구소 연구교수

김영삼 정부 시기(1993~1997)의 한중 정상회담

1. 김영삼 정부 시기 한중관계 개괄

1992년 수교 이후 한중 양국 정부는 본격적인 외교관계 발전의 초석을 다지기 위해 노력했다. 그 결과, 김영삼 정부 원년인 1993년 한 해 동안 한국 측 외무부, 건설부, 상공자원부, 체신부, 과기처 장관의 방중과 중국 측 부총리, 외교부장, 건설부장, 물자부장, 우전부장, 전자공업부장의 방한 등 장관급 인사들의 상호방문이 성사되며 김영삼 정부 시기의 양국관계는 선린우호 협력관계의 실질적 정착을 위한 순조로운 여정을 시작했다.

정부 간 외교 차원에서, 1993년에는 해운협정, 우편 및 전기통신 협정, 환경보호 협정 등 양자협정이 체결되었고 한국은 상하이에 총영사관을 중국은 부산에 총영사관을 각각 설치하며 본격적인 교류 관계의 서막을 열었다. 1994년에는 김영삼 대통령의 방중 정상회담과 리펑 중국총리 방한, 다섯 차례의 외무장관 회담을 포함한 다양하고 실질적인 외교협력 관계가 맺어졌고, 칭다오에 두 번째 총영사관을 설치했다. 1995년에는 장쩌민(江澤民)이 중국 국가주석으로서는 최초로 방한하고 이홍구 총리가 방중하며 최고위급 인사 교류가 활발히 전개되었고, 10개가 넘는 양국 정부 간 협의채널이 안착되는 등 양국의 우호협력 관계는 안정기에 접어들었다. 1996년에는 필리핀에서 개최된 정상회담을 비롯하여 김영삼 대통령·리펑 총리 면담, 양국 총리회담 등 최고위

〈표 1〉 김영삼 정부 시기 한중 고위급 교류 일지

	1993년
5.26~29.	첸치천(錢其琛) 중국 부총리 겸 외교부장 방한
9.26~10.2.	리란칭(李嵐淸) 중국 부총리 방한
11.19.	한중 정상회담(시애틀 APEC 정상회담 시)
	1994년
1.6~12.	이만섭 국회의장 방중
3.26~30.	**김영삼 대통령 방중 / 한중 정상회담**
4.10~17.	우쉐첸(吳學謙) 정협주석 공식 방한
10.31~11.4.	리펑(李鵬) 중국 국무원 총리 내외 방한
11.14.	한중 정상회담(자카르타 APEC 정상회담 시)
	1995년
3.12.	김영삼 대통령-리펑(李鵬) 총리 면담(코펜하겐)
4.17~22.	차오스(喬石) 전국인대 상무위원장 방한
5.9~15.	이홍구 국무총리 공식 방중
11.13~17.	**장쩌민(江澤民) 중국 국가주석 방한 / 한중 정상회담**
12.20~26.	황낙주 국회의장 공식 방중
	1996년
3.1.	김영삼 대통령-리펑(李鵬) 총리 면담(방콕)
5.20~26.	런젠신(任建新) 중국최고인민법원장 방한
11.24.	한중 정상회담 (마닐라 APEC 정상회담 시)
	1997년
1.28~2.1.	김수한 국회의장 방중 (베이징, 상하이-쑤저우)
2.20.	김영삼 대통령, 덩샤오핑 사망 관련 특별담화 발표
11.25.	한중 정상회담 (밴쿠버 APEC 정상회담 시)

급 교류가 이어지는 한편, UN, APEC, ARF 등에서의 공조와 대화가 늘어나며 한중관계는 기존의 양자 관계를 넘어 지역구도 및 글로벌 범위에서의 협력 파트너로서의 위상을 높이게 되었다.

점차 긴밀해지는 한중관계는 동북아 정세 변동의 계기로 작용하기도 했다. '혈맹' 관계인 북한과 중국 사이의 관계에 변화가 생겨 김영삼 정부 시기 내내 북중 정상외교가 중단되었다. 특히 1993년 북한의 핵확산금지조약(Non Proliferation Treaty: NPT) 탈퇴와 이후 진행된 북한의 핵개발로 인한 동북아 안보 위기는 새롭게 출발한 한중관계의 정치안보적 협력 가능성을 시험하는 무대가 되었다. 또 한국은 중국과의 수교 이후 대만과의 외교관계를 단절하며 수십 년간 지속되어 온 샌프란시스코 체제 균열의 한 요인이 되었고 이는 1990년대 국제질서의 새로운 흐름으로 떠오르게 된다.

김영삼 정부 집권기는 경제 방면에서의 양국 협력이 본격적으로 긴밀해진 시기이기도 했다. 1992년 수교 이후 김영삼 정부 집권기(1993~1997) 동안 한국의 대중국 수출은 급증하고 수입이 둔화되며 대중국 무역흑자 구조가 정착되었다(〈표 2〉 참조). 또한 이 시기는 중국에 대한 직접투자(Foreign Direct Investment: FDI) 규모 또한 점차 늘어나면서 중국과의 복합적 경제협력 관계가 심화되는 시기였다. 당시 한국은 1970년대와 1980년대에 추진했던 중화학 산업화가 정착기에 접어들며 사양산업의 해외 이전을 실행하려던 시기였고 갓 수교한 중국이 지닌 해외진출시장으로서 지닌 장점, 즉 지리적 인접성, 저렴한 노동비용, 노동자들의 우수한 교육수준, 한국과의 역사·문화적 유사성, 토지 제공 등 인센티브는 한국 기업들의 FDI를 점점 중국으로 향하게 만들었다.

〈표 2〉 한국의 대중국 수출입 무역통계

(단위: 백만 달러)

연도	수출		수입		수지
	금액	증가율	금액	증가율	금액
1992	2,654	164.7%	3,725	8.3%	-1,071
1993	5,151	94.1%	3,929	5.5%	1,222
1994	6,203	20.4%	5,463	39.0%	740
1995	9,144	47.4%	7,401	35.5%	1,742
1996	11,377	24.4%	8,539	15.4%	2,838
1997	13,572	19.3%	10,117	18.5%	3,456

자료: 한국무역협회, 수출입은행.

종합하면, 김영삼 정부 시기 한중관계는 총체적으로 한국의 대외정책 기조가 기존의 이념대립적 구도에서 탈피하여 실리를 전면에 내세운 실용주의적 색채를 입히는 과정을 대변하고 있다. 한국 입장에서 이 시기 중국과의 선린우호관계 발전은 북방국가 혹은 사회주의 전환국가(Transition Countries)들과의 관계 정립의 주축이자 세계화 시대 국제분업 관계의 핵심적 파트너를 구하는 의의를 지녔다. 한편 중국 입장에서 한국과의 관계 발전은 오랜 외교적 고립노선을 탈피하고 동북아 및 세계정세에서 비사회주의권 우호국가를 늘려나가며 개혁개방의 실질적 협력파트너를 찾는 포석의 하나였다.

2. 김영삼 정부 시기 한중관계의 주요 쟁점 및 사안

수교 이듬해 집권한 김영삼 정부는 한중관계 발전에서 안정적 기반을 다지고 중장기적 공동 번영의 미래 설계를 제시하는 외교적 과제를 가지고 있었다. 이 시기를 관통하는 양국 간의 외교적 의제는 대체로 아래의 세 가지로 정리된다.

1) 한반도 안보 문제의 해결

김영삼 정부 시기 동안 한중 양국이 마주했던 가장 중요한 정치 의제는 북한의 NPT 탈퇴와 그로 인해 야기된 북핵 문제를 평화적으로 해결하는 것이었다. NPT는 핵 비보유국이 핵무기를 보유하거나 핵 보유국이 비보유국에 핵무기를 제공하는 것을 금지하는 국제조약으로, NPT 가맹국 중 핵 비보유국은 핵무기를 개발 또는 제조해서는 안 되며 국제원자력기구(International Atomic Energy Agency: IAEA)와 '핵안전조치협정(Safeguard Agreement)'을 의무적으로 맺어야 했다. 북한은 1985년 NPT에 가입했음에도 불구하고 핵안전조치협정을 맺지 않고 있다가 1992년 2월 IAEA의 사찰을 수용하고 같은 해 5월에서 6월에 걸쳐 임시 핵사찰을 받았으나, IAEA는 북한이 신고했던 내용과 실제 임시 핵사찰 결과가 불일치한다는 점 및 영변 핵시설의 핵폐기물 처리장 두 곳이 의심스럽다는 점을 들어 추가 특별사찰을 요구했다. 북한은 이를 주권 침해라고 주장하며 거부했고 결국 1993년 3월 12일 NPT 탈퇴를 선언하며 한반도에 제1차 핵위기가 도래했다.

제1차 핵위기 이후 북한과 미국은 지난한 협상에 들어갔다. 협상의 핵심은 북한이 핵 개발을 포기하는 대신 미국이 북한의 안전 보장을 확약하고 그에 따르는 경제적 보상을 제공하는 것이었지만, 상호 불신과 충돌 속에서 북미 간 핵협상은 교착되었다. 지루하고 첨예한 대립 끝에 북한과 미국은 마침내 1994년 10월 21일 '제네바 합의'를 맺어 북한 핵 동결과 북한의 NPT 잔류 및 핵안전조치협정 이행, 미국 책임 하 대북 경수로 제공, 대북 경제제재 완화, 북미관계 개선 등 사항에 합의했다.

한국과 중국은 한반도에 불어 닥친 안보 위기와 가장 밀접한 국가였음에도 불구하고 '제네바 합의'의 당사국이 아니었기에 실질적 영향을 미칠 수 없었다. 특히 한국은 한반도 문제의 당사자로서 관련 사안에 적극 참여해야 한다는 기조 속에서 중국과의 협력을 모색했다. 북핵 문제를 둘러싼 양국 외교협상의 본격적 시작은 1993년 11월 시애틀에서 열린 정상회담이었다. 이 자리에서 김영삼 대통령은 장쩌민(江澤民) 중국 국가주석에게 "강력한 영향력을 발휘해 북한이 핵문제 해결에 응하도록 설득해 주기 바란다"고 요청했고 장쩌민 주석은 북핵 문제의 평화적 해결에 대한 노력 및 한반도 비핵화에 대한 강한 지지를 표명했다. 북핵 문제에 대한 한국 측의 이러한 입장 및 지지 요청은 김영삼 정부 집권기 내내 지속되었고 1994년과 1995년의 두 차례 국빈 방문 정상회담에서도 가장 중요한 의제로 다루어졌다. 한편 1996년 중국의 첸치천 외교부장은 한국이 한반도 정전 문제 및 평화체제 수립의 직접적인 이해당사국임을 밝히며 한반도 안보 사안에서 한국의 당사자성을 뒷받침해 주었다.

한편 북핵 문제가 북미 간 양자회담으로 수렴되고 있던 상황을 타파하기 위한 외교적 대안으로서 1996년 한미 정상회담에서 한국, 북한, 미국, 중국으로 구성된 '4자회담'이 제시되었다. 4자회담은 많은 기대 속에서 1996년과 1997년간 여러 예비회담 및 실무협상을 통해 의제를 조율하고 입장을 정리했음에도 불구하고 북미 간 불협화음 및 상호불신 속에 결국 무산되었다. 그럼에도 불구하고 4자회담은 한반도 안보 문제에서 한국과 중국이 직접적 이해당사자(stakeholder)라는 사실이 국제적으로 공표된 사건이자 이후 북핵 문제의 다자적 해결이라는 아이디어가 제시된 계기였고, 한중 양국이 한반도 문제에 대해 실질적으로 의사소통하고 협력한 최초의 사례로 남았다.

2) 국제무대에서의 협력적 파트너십

김영삼 정부 시기 한중관계에서 또 하나의 중요한 의제는 새로운 지역질서 수립을 위한 양국 간 협력이었다. 1993년 출범한 김영삼 정부에게 주어진 가장 중요한 대외정책적 과제 중 하나는 '탈냉전'이라는 새로운 국제질서에 발 빠르게 적응하고 변동기 한국 대외정책의 중장기적 방향을 제시하는 것이었다. 냉전이라는 오래된 정치적 대립구도가 해소된 상황에서 새로운 국제경제질서의 키워드는 세계화(globalization)와 지역화(regionalization)였다. 특히 지역화의 흐름은 서구 선진국들을 중심으로 빠르게 진행되었는데, 1992년 이후 북미의 북미자유무역협정 (North American Free Trade Agreement: NAFTA)과 유럽의 마스트리히트 조약, 유럽공동시장 등 주요 지역제도의 창설이 줄을 이었다.

비록 한국은 지역협력 구도가 정착하지 못했던 동아시아 지역에서 지역질서를 주도하거나 틀을 제시하지는 못했지만, '세계화' 정책 기조하에 과거의 이데올로기적 이분법에서 벗어나 중국과 러시아 등 북방 국가들과의 접점을 늘리고자 했다. 그 대표적 당사국인 중국은 한국과의 경제적 상호의존 관계가 점점 커지고 있었을 뿐 아니라, 이미 1991년 남북 UN 공동가입, 북한의 IAEA 사찰 수용, 북한의 경제특구 건설 등 한반도 문제에서 중요한 행위자로 기능해 왔고 「남북기본합의서」에도 긍정적 태도를 표명하며 한국의 동북아 지역 대외정책 수립에서 중요한 위치로 부상한 터였다. 또 OECD 가입 등 국제적 위상을 강화하는 데 무게를 두었던 김영삼 정부 입장에서 UN 상임이사국인 중국과의 관계 심화는 의미가 큰 것이었다.

중국 역시 국제정치적 고려 속에서 한국과의 우호관계 발전을 필요로 했다. 당시 중국의 기본적 동북아 전략 방침은 주변 지역의 평화와 안정을 확보하면서 국내의 개혁개방 정책을 추진하는 것이었다. 따라서 일본의 군사대국화 노선 견제와 북핵 문제의 원만한 해결이 중요한 지역전략 목표로 제기되었고, 이 과정에서 한국과의 외교관계 발전은 중요한 지역 파트너를 확보하는 셈이었다. 그리고 중국에게 한국은 APEC 등 아시아 태평양 지역으로의 경제권 확대를 위한 교두보이자, 탈냉전 시대 자본주의 국가들과의 협력 가능성을 세계 만방에 보여주는 상대국이기도 했다. 이러한 배경 속에 한중 양국의 선린우호 협력 관계 발전의 경로는 비단 양자관계에만 국한된 것이 아니라 국제무대 차원으로 확장될 필요가 있었다.

한국과 중국이 국제무대에서 우호협력 관계를 드러낸 대표적 사례로 UN 등 국제 다자기구에서의 공조를 들 수 있다. 1993년 한승주 외무부 장관은 시애틀 APEC 회의에서 중국 측으로부터 전해진 '중국의 GATT 가입 지지 요청'을 수락하여 기조연설에 반영했고, 이에 중국의 첸치천(錢其琛) 외교부장이 고마움을 표한 사실이 보도되기도 했다. 한편 1996년도에 한국은 UN 인종차별 철폐위원회 및 해양재판관 선출, UN 인권위원회 등에서 중국의 입장을 지지했고, 중국은 2002년 월드컵 한국 개최 및 제3차 아시아 유럽 정상회의(Asia-Europe Meeting: ASEM)의 서울 개최, UN 해양재판관 및 경제사회이사회 이사국 선출 등에서 한국을 지지하는 등 양국의 국제무대에서의 '연대'는 김영삼 정부 내내 주목받는 의제였다.

3) 무역·투자 및 산업·기술 협력

경제 방면에서 이 시기에는 한중 간 경제무역협력 및 거버넌스 협력 필요성이 부각되었다. 이 시기 중국은 한국의 3대 교역상대국으로 성장했는데, 1992년 '남순강화(南巡講話)' 이후 개혁개방을 골자로 하는 소위 '중국특색 사회주의'를 전면에 걸고 본격적인 성장을 시작하여

1992년 14.3%, 1993년 13.9%, 1994년 13.1%, 1995년 11.0% 등 가파른 성장세를 보이고 있었고, GATT(후일 WTO로 확대 출범) 가입 방침을 천명하고 수입자유화 및 제도정비에 나서기 시작했다. 따라서 한국 입장에서는 중국이라는 새로운 시장을 공략하는 것은 더 이상 선택사항이 아니었다. 또 중국은 국내 경제발전의 한 경로로서 동북 3성 및 연안지역 경제발전에 한국 등 주변국의 자본 유치를 설정했는데, 실제 점차 많은 한국 기업들이 중국으로의 FDI를 늘렸다. 한국의 신고기준 대중국 FDI 투자금액은 1993년에서 1996년의 3년 사이에 3배 이상 증가하여 (〈표 3〉 참조), 중국은 한국에게 제2의 해외직접투자 대상국이 되었고, 한국은 중국에게 제7의 외국인직접투자 대상국이 되었다. 이러한 기업 투자의 증가에 따라 양국 경제협력 및 우호증진의 필요성은 점차 커지게 되었다.

〈표 3〉 한국의 대중국 직접투자(OFDI) 규모 (1992~1997)

(단위: 건, 천 달러)

연도	신고건수	신고금액	중국 비중 (중국/세계)
1992	328	223	12.11%
1993	768	659	10.37%
1994	1,328	860	29.26%
1995	1,303	1,358	22.82%
1996	1,555	1,982	24.99%
1997	1,163	946	26.62%

자료: 한국무역협회, 수출입은행.

이 시기 양국 정부가 주도한 대표적인 경제협력 사례로는 첨단 및 중화학 공업의 산업·기술 협력을 들 수 있다. 중국의 리펑 총리는 1994년 방한하여 김영삼 대통령과 가진 회담에서 원자력 발전시설 건설시장 개방, 민간 항공기 공동개발, 후난성 통신망 건설 프로젝트 등을 논의했고, 현대그룹 등 재계와의 면담 자리에서도 현대그룹의 대중국 자동차 합작투자 및 조선소, 항만도로 건설 등을 요청했다. 장쩌민 주석은 1995년 방한 시 삼성전자 반도체 공장, 현대자동차 및 현대중공업 등 한국의 중화학 공업시설을 시찰하며 한국과의 산업협력 가능성을 타진하기도 했다. 한국 수출입은행 자료 기준으로 1995년에서 1999년간 한국의 대중국 직접투자는 투자금액 면에서 증가했을 뿐 아니라, 중화학 공업의 비중이 80%에 육박했다. 1990년에서 1994년 사이 중화학 공업의 투자비중이 60%에 미치지 못했다는 점을 감안하면 당시 한중 산업협력의 중심이 중화학 공업에 있었다는 사실을 방증한다.

3. 김영삼 정부 시기 개최된 정상회담 (1) : 1994년 3월 베이징 회담

1) 정상회담 개요

김영삼 대통령은 1994년 3월 26일부터 30일까지 5일간 중국을 국빈 방문해 장쩌민 주석과의 회담을 포함한 여러 일정에 나섰다. 참고로 김영삼 대통령의 중국 방문은 일본(1994.03.24~26) 방문에 이어지는 일정이었다. 당시의 한일관계 역시 북핵 문제 협력 및 탈냉전 시기 새로운 국제질서에서의 파트너십 구축을 주요한 의제로 하고 있었기에 이 일정으로부터 김영삼 정부 대외정책 기조의 중점을 엿볼 수 있다.

3월 26일 상하이에 도착한 김영삼 대통령은 상하이 임시정부 청사를 방문한 데 이어 다음 날 윤봉길 의사의 의거지인 홍커우(虹口) 공원을 방문하며 중국방문 일정을 시작했다. 우리나라의 역사적 정체성을 중시한 이 행선지들은 당시 '역사 바로 세우기' 구호 아래 일제 잔재 및 군사독재 청산을 표방했던 김영삼 정부의 입장을 잘 보여준다. 이후 김영삼 대통령은 당시 한창 건설 중이던 푸동(浦東) 신구를 시찰했는데, 당시 양국 경제협력이 핵심 의제 중 하나였음을 드러내는 일정이었다.

3월 27일 오후 김영삼 대통령은 베이징 공항에 도착해 환영 행사를 가졌다. 다음날인 28일 오전 김영삼 대통령과 장쩌민 국가주석은 인민대회당에서 단독 정상회담 및 확대 정상회담을 가졌다. 단독 회담장까지 걸어가는 도중 장쩌민 주석은 김영삼 대통령에게 "지난해 APEC에서 만난 뒤 해가 바뀌어 이렇게 다시 만나게 됐는데 시간이 참 빨리 간다"라고 4개월 만의 재회에 반가움을 표시하며 "중국에서는 시간이 빨리 흐르는 것을 화살이나 유수(流水) 같다고 표현한다"고 말하자, 김영삼 대통령도 "한국에서도 표현이 똑같다"고 화답하며 화기애애한 분위기를 연출하기도 했다. 단독 정상회담이 끝나고 열린 확대 정상회담에는 한국 측 한승주 외무부 장관, 김철수 상공부 장관, 윤동윤 체신부 장관, 김시중 과기처 장관, 황병태 주중 대사, 이양호 합참의장, 강재섭 총재 비서실장, 박재윤 경제수석, 정종욱 외교안보수석, 주돈식 공보수석, 신두병 외무부 의전장, 김석우 의전비서관, 유병우 외무부 아주국장으로 구성된 공식 수행원 13명이 배석했고, 중국 측에서는 첸치천(钱其琛) 외교부장, 왕중위(王忠禹) 국가경제무역위 주임, 우지촨(吳基傳) 우전부장, 우이(吳仪) 대외무역경제합작부장, 탕자쉬안(唐家璇) 외교부 부부장 등 13명이 배석했다.

28일 정상회담 이후 저녁에는 장쩌민 국가주석이 주최한 환영만찬이 열렸는데 이 자리에서 장쩌민 주석은 한국에 백두산 호랑이 한 쌍을 기증하기로 하며 관계 발전의 뜻을 표시했다. 김영삼 대통령은 29일 내외신 기자회견을 갖고 중국과 북핵 문제에 대해 UN 차원만이 아니라 양국 간 협조의 교감이 있었다고 밝혔다. 김영삼 대통령은 30일 마지막 행선지인 톈진으로 가 1992년 설치된 '한국 전용 공단'을 방문하는 등 경제 행보로 중국 방문을 마무리했다.

2) 정상회담의 주요 의제

베이징 한중 정상회담의 핵심 의제는 북핵 문제 해법과 경제협력이었다. 베이징 회담 한 해 전인 1993년 11월, 양국 정상은 APEC 회의를 계기로 성사된 시애틀 정상회담에서 북핵 문제의 평화적 해결, 대화를 통한 문제해결, 한반도 비핵화, 한중일 동북아시아 3국 협력 확대에 대한 의견을 교환했다. 이 자리에서 김영삼 대통령은 가장 민감한 의제였던 북핵 문제에 대해 '중국이 강력한 영향력을 발휘해 북한이 핵문제 해결에 응하도록 설득해 줄 것'을 요청했고, 장쩌민 주석은 '중국은 북핵 문제의 평화적 해결을 위해 많은 노력을 해 왔으며 한반도 비핵화를 확고한 신념으로 지지하고 있음'을 강조했다. 그리고 1994년 베이징 회담의 가장 핵심 의제는 바로 북핵 문제가 되었다.

베이징 회담에서 김영삼 대통령은 시애틀 회담에 이어 장쩌민 주석에게 북한 설득을 요청했다. 구체적으로, '북핵 문제가 이미 유엔 안전보장이사회에 넘어와 있고 북한의 국가체제 존립을 위해서는 유엔의 제재가 아니라 국제사회 규범을 선택해야 한다는 당위성을 중국의 대북 영향력을 활용하여 설득'해 달라는 부탁이었다. 한편 김영삼 대통령은 북핵 문제를 동북아 지역안보 문제로 인식하고 있는 모습도 보였는데, "북한의 핵개발이 동북아시아의 안정을 심각하게 저해하고 있으며 북핵 문제를 평화적으로 해결하기 위해서는 한중일 삼국 간 긴밀한 협력이 무엇보다 긴요하다"는 점을 지적한 데에서 북핵 이슈를 지역안보 문제로 재규정하는 과정이 관찰된다.

한국 측의 요청에 대해 장쩌민 주석은 "북핵 문제의 평화적 해결에 적극 노력하겠다"고 답하며 "중국은 한반도의 비핵화를 확고한 신념으로 지지하고 있다"고 다시금 강조했다. 또 장쩌민 주석은 회담 이후 열린 한국 기자와의 회견장에서 양측은 대화로써 이 문제를 해결할 것을 강조했으며, 북핵 문제에 관한 중국의 입장은 "한반도의 정세 완화와 안정을 희망하고, 한반도의 비핵화를 지지하며, 관련 당사자들이 건설적인 대화로 해결해야 한다"는 것임을 명확히 했다. 이어 "중국은 이 원칙에 따라 나름의 역할을 할 것이지만 중국의 역할은 제한되어 있다. 모순을 격화시키는 행동을 취하는 것은 문제해결에 도움이 되지 않는다"라고 밝혔다.

한편 베이징 정상회담에서는 자동차, 차세대 통신기기, 민간 항공산업, 고화질TV 등 분야에서 양국의 경제 및 산업협력 방안이 구체적으로 논의되었다. 당시 중국의 경제적 과제는 '사회주의 시장경제' 구호 아래 개방을 통한 외자 확보, 기술 합작과 외국인 투자를 통한 산업 업그레이드, 국내 경제시스템 개혁 등을 추진하는 것이었는데, 해당 산업들이 빠르게 발전하고 있던 이웃국가 한국은 그러한 과제 추진에 있어 적합한 파트너였다.

3) 정상회담의 성과

베이징 정상회담의 주요한 성과 중 하나는 양국이 북핵 문제에 대해 일정한 합의에 도달했고 정치안보 의제에 대한 협의 가능성을 확인했다는 데 있다. 1994년 북핵 위기는 진영 간에 벌어진 안보 위기가 아니라 개별 국가 차원에서 일어난 위기였고, 이는 곧 탈냉전기 국제질서의 불확실성을 상징적으로 드러내는 사안이었다. 그리고 과거 적대진영에 속해 있었던 한국과 중국이 안보 의제에 공동으로 협력할 수 있음을 보였다는 점은 탈냉전기 다자 안보협력 구도의 새로운 재편을 암시하는 대목이었다. 양자 관계에 있어서도, 양국의 북핵 문제에 대한 공

동 대응 경험은 향후 복잡하게 전개된 동북아 안보 구도 내에서 장기
적인 양자 협력의 가능성을 보인 셈이 되었다.

경제 방면에서 양국 정상 간 경제 및 산업협력 논의의 가장 중요한
성과로 한중 '산업협력 위원회'가 설치되었고, 1994년 6월 서울에서 제1
차 회의가 개최되어 자동차, 항공기, 통신정보, 고화질TV 등 4개 전략
산업 분야에서 공동개발, 공동생산, 공동판매를 목표로 산업협력을 논
의하기 시작했다. 그 결과 민간 항공기 공동개발, 통신 등 분야에서 산
업기술 협력 양해각서가 체결되었다.

4. 김영삼 정부 시기 개최된 정상회담 (2) : 1995년 11월 서울 회담

1) 정상회담 개요

장쩌민 주석은 1995년 11월 13일부터 17일까지 5일간 한국을 단독 국
빈 방문했다. 수행원은 공식(12명)과 비공식을 합쳐 모두 1백8명이었
다. 장쩌민 중국 국가주석의 서울 방문은 중국의 국가원수로는 사상
처음으로 우리나라를 방문한 것이자 전년도 김영삼 대통령의 방중에
대한 답방으로 이뤄진 것이었다.

11월 13일 특별기편으로 입국한 장쩌민 주석은 공로명 외무장관 등
인사들의 영접을 받으며 방한 첫날 일정을 시작했다. 11월 14일 오전
10시 김영삼 대통령과 장쩌민 주석은 청와대에서 단독 및 확대 정상회
담을 갖고 한반도 평화를 위한 협력기반 구축, 일본의 역사 왜곡 문제
에 대한 공동대응, 양국의 경제협력 확대방안을 논의했다. 장쩌민 주석
은 15일 낮 기흥의 삼성 반도체 공장을 방문한 데 이어 오후에는 국회
를 방문해 본회의장에서 연설했는데 이는 장쩌민 주석이 최초로 외국

장쩌민 주석(중앙)이 삼성반도체 기흥공장에서 방명록을 작성하고 있다. 좌측 인물은 이건희 삼성 회장. (1995년 11월 15일 용인)
출처: 국가기록원

김영삼 대통령과 장쩌민 주석이 청와대 상춘재에서
조찬 회동을 가진 후 산책하고 있다.
(1995년 11월 15일 서울)
출처: 국가기록원

국회를 방문해 행한 연설이었다. 이 연설에서 장쩌민 주석은 한중 양국 사이의 역사와 문화적 유대관계, 양국 간 선린우호관계 발전, 개혁 개방 이후 추진 중인 '중국특색 사회주의', 향후 중국의 경제발전 전략 등을 언급했다.

장쩌민 주석의 16일 일정은 산업 시찰이 주를 이루었다. 그는 현대 중공업과 현대자동차 시찰에서 정주영 전 현대그룹 회장과 만나 날씨 얘기를 하면서 "중국이 따뜻해야 한국도 따뜻하다"고 말해 양국 간의 경제협력 관계가 아주 밀접함을 강조했다. 창춘 제2자동차 공장 근무 경력이 있는 장쩌민 주석은 자동차 산업에 각별한 관심을 보였으며 이에 정주영 현대 회장은 방문 기념으로 장쩌민 주석과 부인에게 각각 그랜저 3.5와 마르샤 2.5 차량을 선물했다.

방한 마지막 날인 11월 17일, 장쩌민 주석은 오전 분재예술원 등 제주도 주요 관광시설을 둘러보고 숙소인 중문 신라호텔에서 딩관건(丁矣根) 중앙 정치국 위원, 왕중위 국가경제무역위원회 주임 등 10여 명의 공식 수행원들과 오찬을 하며 마지막 일정을 마무리한 후 오후 4시 국제공항에서 특별기로 APEC 참여를 위해 일본 오사카로 출국했다. 이날 특별기에는 장쩌민 주석 내외와 함께 보좌관과 수행원 등 83명이 동승했고 딩관건 중앙 정치국 위원, 왕중위 국가경제무역위원회 주임 등 21명은 하루 더 제주도에 머물며 신구범 제주도지사와 일정을 가졌다.

2) 정상회담의 주요 의제

장쩌민 주석이 중국의 국가원수로는 처음 한국을 방문해서 성사된 서울 정상회담의 가장 중요한 정치 의제는 '한반도 통일', '일본의 역사 왜곡', '대화를 통한 북핵문제 해결' 등이었다. 장쩌민 주석은 중국은 '한반도 자주평화통일을 지지하며, 주변 국가들이 한반도 정세를 완화하고 상호관계를 개선하기 위해 노력해야' 하며 '한반도의 평화와 안정을 수호하는 것은 반도문제에 대한 중국의 기본준칙'임을 강조했다. 또한 장 주석은 '중일 관계의 우호적 발전을 희망하지만, 일본 군국주의에 대한 정확한 인식을 갖는 것이 전제'라는 점을 밝히며 당시 김영삼 대통령의 역사바로세우기 기조와 발을 맞추는 모습을 보였다. 특히 김영삼 대통령은 회담 이후 공동기자회견에서 에토 다카미 당시 일본 총무상의 "식민지 시절 좋은 일도 있었다"는 망언에 대해, '반복되는 일본의 역사인식 문제와 망언에 관련하여 일본의 버르장머리를 기어이 고치고자'했으며 '문민정부가 당당한 도덕성에 입각해 있으며 군사정부와 다르다는 점을 보여주기 위해 (에토 총무상이) 해임되지 않으면 정상회담은 물론이고 외무장관회담도 갖지 않겠다고 지시한 것'이라는 강한 발언을 내놓아 내외신의 큰 주목을 받기도 했다. 북핵 의제의 경우 1994년 10월 제네바 합의가 맺어진 상황이었기에 구체적인 선언이나 정책협조가 등장하지는 않았다.

정치 의제 외에도 양국 정상은 지역협력 의제 또한 논의했다. 두 정상은 한중 두 나라의 협력이 21세기 아시아 태평양 지역 발전의 원동력이 된다는 점을 확인하며 UN과 APEC 등 국제무대에서의 협력을 확대발전시켜 나가자고 다짐했다. 그리고 북핵 등 한반도 평화 문제가 한반도와 중국 주변을 넘어서는 아시아 및 세계 평화 차원의 문제임에 공감하며 한국과 중국이 다자적 지역안보 협력의 당사자임을 분명히 했다.

한편 양국 정상은 경제 분야에서 중형 항공기 공동개발 조기 착수, 원자력 분야 및 러시아 가스전 개발 관련 협력방안 등을 모색했다. 아울러 베이징 회담부터 추진되어 오던 4대 전략산업 협력 중 자동차, 전자교환기, 고화질TV 분야 협력을 구체화해 나가기로 했고, 이들 산업 협력이 두 나라 경제협력 관계가 한 차원 높아지는 계기가 될 것이라는 데 공감을 이뤘다.

3) 정상회담의 성과

1995년 당시까지 중국 국가주석의 방일(訪日)조차 한 번도 없었던 상황이었기에 장쩌민 주석의 방한은 동북아 지역정치 및 국제정치 차원에서도 크게 주목할 만한 사건이었다. 김영삼 대통령과의 한중 정상회담 이후에도 장쩌민 주석은 활발한 정상외교를 전개하며 여타 강대국들과 활발하고도 실용주의적인 행보를 펼쳤다. 하버드대 연설로 큰 인상을 남긴 1997년 미국 방문에서 '건설적 전략동반자 관계'를 수립한 데이어 러시아와도 '전략적 협력 동반자 관계'를 맺었고, EU와는 '건설적 동반자 관계'를, 일본과는 평화와 발전을 위한 '우호협력 동반자 관계'를 맺었다.

한국은 중국과의 연계 속에 일본의 역사왜곡 문제를 국제정치적 이슈로 재규정하는 데 유리한 조건을 마련할 수 있었다. 식민지배, 위안부, 강제징용 문제 등 일본 과거사 문제의 쟁점화는 김영삼 정부 시기부터 본격적으로 시작되었는데 중국이 정상회담에서 원론적으로 동의를 표하며 국제정치적 이슈로 올라서는 발판이 되었다. 일본 과거사 문제의 쟁점화는 탈냉전기 배경 속에서 한미일 반공연대의 구심력을 약화하는 계기이자 동북아 지역정치 지형이 변동하는 요인 중 하나가 되었다. 물론 한일 양국 간 관계 및 한국 국내 민주주의 시민사회에도 중요한 변화의 계기가 되었다는 의의도 컸다.

5. 소결 : 본격적인 한중 협력관계의 출발

중국은 수교 초기에만 해도 북한과는 기존의 혈맹관계를 유지하고 한국과는 새롭게 경제협력을 도모하는 이른바 '북정남경(北政南經)'의 정경분리 기조를 보였다. 그런데 김영삼 정부 집권 이후 한중수교가 북중관계에 미친 영향이 장기화되고, 북핵 위기로 인한 동북아 안보 불안 속에 북한은 미국과의 교섭 창구를 북미 양자관계로 단일화해 외교협상을 전개하게 되었다. 이러한 변화 속에서 중국의 한반도 정책기조는 당초의 '북정남경' 기조로부터 한국과의 경제협력을 지속 추진하며 정치안보 협력도 포괄하는 실리외교 기조로 점차 변화했다.

이러한 전환은 한국 정부에도 반가운 일이었다. 오랫동안 세계 무역규범을 구성해 온 '관세 및 무역에 관한 일반협정(GATT)'이 1995년 세계무역기구(WTO)로 재출범하고 자본의 국제적 이동이 가속되는 등 '경제의 세계화'가 본격화되었고, '세계화'와 '신경제'를 모토로 경제체제의 질적 도약을 도모하던 김영삼 정부는 중국이라는 거대한 잠재력을 지닌 경제파트너가 절실히 필요했다. 또 냉전 종식 이후 이념 위주의 국제정치 대립구도가 저물고 실리와 지역이 새로운 키워드로 떠오르며 중국은 새롭게 재편될 국제정치질서 속에서 우리와의 공조가 필수적인 지역협력 파트너였다. 일례로 김영삼 대통령은 1994년 1월 연두 기자회견에서 국익과 실리를 위한 '세일즈 외교'를 강조한 바 있는데, 수년 전만 해도 한국과는 동행할 수 없을 줄로만 알았던 사회주의 진영에 속한 중국을 4박 5일이라는 긴 일정으로 방문했다는 사실은 실리외교 혹은 '세일즈 외교'를 직접적으로 드러낸 의지의 표현이자 실천으로 볼 수 있다.

상기의 배경 속에 김영삼 정부 시기의 정상회담은 한반도 안보 문제, 글로벌 및 지역 차원의 국제협력, 양자 간 무역·투자 및 산업·기술 협력 등을 주요 의제로 진행되었다. 이 시기를 거치며 1992년 중국이 견지해오던 소위 '북정남경(北政南經)'의 비대칭적 태도 혹은 '남북한 등거리 외교'를 뛰어넘어 한중 양국이 한 단계 진전된 관계로 발전하는 전기가 마련되었고, 이로써 한국과 중국은 외교관계를 한 차원 업그레이드하여 본격적인 협력관계를 모색할 수 있게 되었다.

한편 과거의 이념대립 구도에서 탈피한 실용주의 색채의 한중 정상회담은 이후 한반도 문제를 두고 4자 회담이라는 다자 협의체가 잉태하는 기반을 제공하기도 했다. 4자회담은 키신저가 제시한 한반도 평화정착을 위한 정책구상으로, 남북한 당사자와 미국, 중국이 참여하는 다자 협의체라는 점에서 한반도 문제 해결에 대한 새로운 접근이 등장한 셈이었다. 1996년 4월 16일 '한미 정상회담'에서 김영삼 대통령과 미국 빌 클린턴(Bill Clinton) 대통령이 정식 제의한 이후 중국은 한반도 평화를 위한 4자회담에 대해 긍정적인 입장을 표명했다. 물론 북한이 정전 이후 '협정의 상대는 한국이 아닌 미국'임을 일관되게 주장하며 4자회담은 결국 큰 진전 없이 공회전하게 되었지만, 2차 북핵위기 이후 6자회담이라는 다자 협의체의 원형이 되었다는 점에서 작지 않은 의의를 가진다.

이밖에도 장쩌민 주석은 베이징 회담 기자회견에서 한반도의 통일에 관해 "통일은 한민족의 일이다. 중국은 한반도의 평화통일 노력을 지지한다. 남북한 쌍방은 대화와 협상을 통해 관계를 개선해 나가야 할 것이다"라는 입장을 밝힌 데 이어, 서울 회담 기자회견에서도 "한반도의 긴장 정세를 완화하고 반도문제를 적당하게 해결하는 것은 남북 인민들의 공동이익에 부합되고 아시아와 세계의 평화와 안정에도 유리하다. 한반도의 가까운 이웃으로서 중국은 남북이 접촉과 대화를 통하여 신뢰를 점차적으로 증진하고 관계를 개선하며 나중에는 민족의 화해와 나라의 자주적 평화통일을 이룩할 것을 진심으로 희망한다"고 밝혔다. 이러한 입장은 다소 원론적이지만 '한반도 통일 문제의 평화와 대화를 통한 해결'이라는 원칙을 제시했다는 의의를 지닌다.

김대중 정부 시기(1998~2002)의 한중 정상회담

신종호

한양대 교수

김대중 정부(1998~2002) 시기의 한중 정상회담

1. 김대중 정부 시기 한중관계 개괄

　김대중 정부가 50년 만에 처음으로 여야 간 수평적 정권교체를 통해 탄생함으로써 대한민국은 민주주의의 성숙한 발전을 이룩한 국가로 대내외적으로 인정받았다. 그러나 1997년 발생한 동아시아 금융위기와 그 여파로 한국이 1998년 국제통화기금(IMF)의 구제금융 지원을 받게 되면서 김대중 정부는 출범 초기부터 대내외적으로 많은 어려움에 직면하였다. 1998년 출범한 김대중 정부의 외교정책 기조는 당시 국정 최대의 현안이었던 '경제위기 극복 및 재도약 기틀 마련'을 비롯한 '한반도 평화정착 및 포괄적 안보체제 구축', '문화외교 활성화로 국가 이미지 제고', '재외동포의 권익보호 및 자조노력 지원'으로 설정되었다. 당시 한국은 동남아시아발 외환위기를 극복함과 동시에 한반도 정세를 안정시키고 경제성장의 발판을 마련해야 하는 상황에서 중국과의 관계 증진을 위해 노력했는데, 1998년 11월 김대중 대통령의 중국 방문은 이러한 외교정책의 기조를 실행하기 위한 일환으로 추진되었다.

1997년 9월에 개최된 중국공산당 제15차 전국대표대회에서 장쩌민(江澤民)의 정치적 위상이 확고해짐으로써 중국은 안정적인 대외정책을 추진할 수 있는 기반을 마련하였다. 중국 정부는 1997년과 1998년을 거치면서 '동반자(伙伴) 관계'라는 개념을 통해 다른 나라들과 양자관계를 정립하기 시작했고, 2000년까지 중국인민해방군(PLA)을 50만 명 감축하는 계획을 발표하여 주변 국가들과의 관계를 개선하고자 하였다. 이처럼 중국이 미국과 러시아 등 강대국과의 협력관계를 중시하고 주변국 외교를 강화하기 위한 노력을 적극적으로 추진한 이유는 개혁개방을 심화하고 안정적인 경제발전을 지속함은 물론 궁극적으로 소위 '중국위협론'을 불식하기 위함이었다. 이와 같은 맥락에서 중국은 한국에 대해서도 양국관계를 '협력동반자 관계'로 격상할 것을 고려하였다.

1998년 11월, 김대중 대통령의 중국방문을 계기로 한중 양국은 '21세기를 향한 협력동반자 관계'로의 발전을 선언하였다. 당시 한국은 국정 최대 현안인 경제위기를 극복해야 했을 뿐만 아니라 한반도 정세를 안정시키고 경제성장의 발판을 마련해야 하는 상황에서 중국과의 관계 발전은 매우 중요했다. 특히 한국 정부가 추진하고자 했던 대북 포용정책, 즉 '햇볕정책'에 대한 중국 정부의 지지를 획득하고 북한의 개혁·개방을 촉진하기 위한 중국 정부의 건설적인 노력을 얻어내고자 하였다. 중국도 개혁개방을 심화하기 위해서는 '안정적이고 평화로운 주변 환경 유지'가 중요했기 때문에 주변 국가인 한국과의 관계 발전을 매우 중시하였다. 특히 중국은 김대중 대통령이 중국을 방문했을 당시 한국의 '햇볕정책'에 대한 적극적 지지 입장을 밝힘과 동시에 한반도에서의 대화와 협상을 통한 평화적 통일 실현을 지지한다는 점을 강조했다.

김대중 정부 시기 한중관계는 최고지도자 간 교류를 통해 '협력동반자 관계'를 공고히 했고 협력의 범위도 점차 확대되었다. 1999년 5월 리루이환(李瑞環) 중국 정협 주석, 2000년 10월 주룽지(朱鎔基) 중국 국무원 총리, 2001년 5월 리펑(李鵬) 중국 전국인대 상무위원장 등이 한국을 방문했다. 1999년 9월 APEC 정상회의(오클랜드)와 11월 ASEAN+3 정상회의(마닐라), 2001년 APEC 회의(상하이) 등을 계기로 한중 정상회담이 개최되었다.

김대중 정부 시기 한중 '협력동반자 관계' 수립을 계기로 협력의 범위도 기존의 경제·통상 분야에서 군사 및 안보 분야로 협력의 범위를 확대되었다. 한중 무역의 경우 1992년 수교 당시 64억 달러에서 1994년 100억 달러를 달성했고, 1997년에는 약 237억 달러를 기록했다. 비록 외환위기 등 영향으로 1998년에는 한중 교역이 약 180억 달러 수준으로 감소했지만 1999년 이후 다시 회복되었고 2002년에는 약 411억 달러로 확대되었다.

〈표 1〉 김대중 정부 시기 한중 수출입 통계(1998~2002)

(단위: 백만 달러, %)

연도	수출		수입		무역수지
	금액	증가율	금액	증가율	금액
1997	13,572	19.3	10,117	18.5	3,456
1998	11,944	-12.0	6,484	-35.9	5,460
1999	13,685	14.6	8,867	36.7	4,818
2000	18,455	34.9	12,799	44.3	5,656
2001	18,190	-1.4	13,303	3.9	4,888
2002	23,754	30.6	17,400	30.8	6,354

출처: 한국무역협회

군사·안보 분야에서는 한중 군 고위급 인사의 상호방문을 통한 교류협력이 활발하게 진행되었다. 1998년 8월 슝광카이(熊光楷) 중국인민해방군 부총참모장의 한국 방문과 1999년 7월 조성태 한국 국방부장관의 중국방문이 이루어졌고 2000년 1월에는 츠하오톈(遲浩田) 중국 국방부장의 한국방문 및 장관급회담이 개최되었다. 이밖에도 2001년 10월에는 한국 군함의 상하이 기항이 이루어졌고, 2002년 5월에는 중국 군함의 인천 기항이 이루어졌으며, 2002년과 2003년에는 양국 공군 수송기의 상호방문이 있었다. 2002년 10월에는 양국의 외교 및 국방 당국자가 참여하는 '제1차 한중 외교·국방 당국 간 안보대화'가 베이징에서 개최되었다.

〈표 2〉 김대중 정부 시기 한중 군사·안보분야 협력 현황(1998~2002)

연도	내용
1998년 9월	슝광카이 중국인민해방군 부총참모장 방한
1999년 8월	조성태 한국 국방부 장관 공식 방중
2000년 1월	츠하오톈 중국 국방부장 방한
2000년 9월	조영길 한국 합참의장 공식 방중
2001년 12월	김동신 한국 국방부 장관 방중
2002년 9월	무찬유 중국인민해방군 총참모장 방한
2002년 10월	제1차 한중 외교·국방 당국 간 안보대화 개최(베이징)

출처: 저자 작성

사회문화 분야에서도 한중 교류협력이 확대되었다. 한국을 방문한 중국인이 1994년 14만 명 수준에서 1997년에 21만 4천 명으로 늘었고, 1998년 21만 명으로 약간 감소했으나, 1999년에는 50.9%가 늘어난 31만 6천 명을 기록했다. 중국을 방문한 한국인의 경우 1998년 48만 4천 명 수준에서 2000년에는 백만 명을 넘어서는 등 증가 속도가 매우 빠르게 진행되었다.

<표 3> 김대중 정부 시기 한중 양국 방문자 현황(1998~2002)

(단위: 명, %)

연도	방한 중국인		방중 한국인	
	수(연인원)	증가율	수(연인원)	증가율
1997	214,244	7.3	584,487	9.8
1998	210,662	-1.7	484,009	-17.2
1999	316,639	50.3	820,120	69.4
2000	442,794	39.8	1,033,250	26.0
2001	482,227	8.9	1,297,746	25.6
2002	539,466	11.9	1,722,128	32.7

출처: 한국관광공사, 중국국가여유국

한편 김대중 정부 시기에 한중관계는 수교 10년을 맞이했는데 그동안 경제통상 분야의 비약적 발전에 가려졌던 다양한 현안들이 조금씩 수면 위로 떠오르기 시작했다. 가장 대표적인 사례가 북한 및 북핵문제였으며, 마늘분쟁과 탈북자 문제 및 중국의 '동북공정' 추진 등도 양국관계에 영향을 주는 요인으로 등장했다.

2. 김대중 정부 시기 한중관계의 주요 쟁점 및 사안

1) 중국의 한반도 정책과 북중관계

1992년 한중수교 과정에서도 나타났듯이 중국은 줄곧 한반도의 평화와 안정을 위해서는 남북한 당사자 간 대화와 협력을 통한 문제 해결을 강조해왔다. 이러한 이유로 인해 장쩌민 국가주석을 포함한 중국의 지도부는 김대중 정부의 대북정책인 '햇볕정책'에 대한 적극적인 지지와 함께 2000년 1차 남북정상회담에 대해 강력한 지지 입장을 밝힌 바 있다. 또한 2001년 3월 개최된 제9기 전국인대 4차 회의 개최 기간에 열린 기자회견에서도 탕자쉬안(唐家璇) 중국 외교부장은 중국이 주변 어느 나라보다도 한반도의 평화와 안정 유지를 희망한다고 강조했다.

한편, 한중수교 이후 오랫동안 소원한 관계를 지속하던 북중관계는 1999년 6월 김영남 북한 최고인민회의 위원장의 중국 방문과 동년 10월 탕자쉬안 중국 외교부장의 북한 방문을 계기로 관계 회복을 시도했다. 특히 2000년 5월과 2001년 1월에 이루어진 북한 김정일 국방위원장의 중국방문 및 2001년 9월 장쩌민 총서기 겸 국가주석의 북한 방문을 통해 북중관계는 기존의 전통적 우호협력관계를 회복하였다. 북중 간 관계 회복 노력은 양국의 상호 이익과 전략적 필요성 때문에 이루어졌다. 북한은 체제 안전과 경제위기를 극복하기 위해 중국의 경제적 지원과 협력이 절실했고, 중국 역시 대외전략 차원에서 북한의 지정학·지경학적 가치가 여전히 중요했기 때문이다.

이러한 북중관계의 회복은 한반도 문제에도 일정한 영향을 끼치게 되었다. 2000년 6월 남북정상회담을 통해 남북이 한반도 문제를 자주적으로 해결하기로 합의했음에도 불구하고, 김정일 위원장의 중국 방문과 장쩌민 국가주석의 북한 방문을 통해 북중관계가 회복되고 미국과 러시아 등 주변국가들의 한반도를 둘러싼 이해관계의 대립도 심화되면서 한반도 주변의 지정학적 복잡성이 증대된 것이다. 2002년 10월 발생한 2차 북핵위기 이후 북중 경제협력이 강화되는 경향도 보였으며, 2003년 북핵문제 해결을 위해 중국이 '중재자'로 나서 6자회담을 성사시키면서 북한은 체제보장과 경제난 극복을 위해 중국과의 긴밀한 협조관계를 형성하게 된다.

2) 한중 통상 마찰

한중수교 이후 양국 경제관계는 급속한 발전을 이루었고 한국의 대중국 무역흑자는 증가추세를 유지했다. 그러나 중국 입장에서 대한국 무역적자는 가장 중요한 문제로 대두되었고 양국 간 통상 마찰로 이어졌다. 중국은 1997년 11월 한국산 신문용지에 대한 반덤핑 조사를 개시한 이후 지속적으로 한국산 제품에 대한 반덤핑 조사를 했으며, 특히 2002년에는 한국산 제품 7건에 대한 반덤핑 조사를 개시했다. 이에 대응하여 한국 정부도 중국산 제품에 대한 반덤핑 제소를 확대하였다. 이러한 한중 통상마찰은 2005년 11월 한국이 중국의 '시장경제(market economy)'국가 지위를 인정할 때까지 지속되었다.

한중 통상 마찰의 대표적인 사례는 2000년에 시작된 마늘분쟁이다. 2000년 6월 한국 재경부가 중국산 냉동마늘과 초산조제마늘에 대한 관세를 총 315%(기본관계 30% + 잠정긴급관세 285%)로 인상하며 '긴급수입제한(safe guard)' 조치를 시행했다. 이에 중국 정부는 한국 정부의 긴급수입제한 조치 철회를 요구함과 동시에 한국산 휴대전화와 폴리에틸렌에 대한 잠정 수입 금지 조치를 발동하였다. 이후 한중 양국은 마늘협상을 진행했고, 동년 7월 양국은 기존의 긴급수입제한 조치의 기본 틀은 유지하되 종료 시기를 2002년 12월 31일로 단축하기로 합의하는 동시에 중국산 마늘의 연간 수입물량에도 합의했다. 이에 중국 측은 잠정수입금지 조치를 해제하였다.

3) 역사 인식 문제

한중 간 역사 인식을 둘러싼 갈등은 수교 이전부터 존재했지만 그것이 양국관계에 결정적인 영향을 주는 요인으로 작용하지는 않았다. 그러나 국교 수립 10년이 지나면서 한중 간 역사문제가 점차 수면 위로 부상하기 시작했고, 중국사회과학원 '변강사지연구중심(邊疆史地研究中心)'이 2002년부터 소위 '동북공정', 즉 '동북 변경 지방의 역사와 현황에 대한 일련의 연구 공정(東北邊疆歷史與現狀系列研究工程)'을 추진하고 있다는 소식이 알려지면서 구체화되었다. 다만 김대중 정부 시기에는 동북공정이 한중관계의 '현안'으로 떠오르지는 않았고 노무현 정부 시기부터 본격적으로 논의되기 시작했으며, 2004년 8월 양국 간 협의를 거쳐 5개 항의 구두 합의에 이르게 되었다.

3. 김대중 정부 시기 개최된 정상회담 : 1998년 11월 베이징 회담

김대중 대통령은 중국 장쩌민 국가주석의 초청을 받아 1998년 11월 11일부터 15일까지 4박 5일간의 일정으로 중국을 국빈 방문했다. 방중 기간 동안 김대중 대통령은 장쩌민 국가주석과의 정상회담 이외에도 리펑 전국인대 상무위원장, 주룽지(朱鎔基) 국무원 총리, 후진타오(胡錦濤) 국가 부주석 등과도 면담을 진행했다.

김대중 대통령과 장쩌민 국가주석의 정상회담은 1998년 11월 12일 베이징(北京) 인민대회당에서 개최되었다. 정상회담은 원래 오전 9시 40분쯤 시작하여 45분간 진행될 예정이었으나 무려 55분을 초과하여 11시 20분경에 종료되었다. 회담 당시 김대중 대통령과 장쩌민 국가주석이 나눈 '대화록'을 보면, 양국 지도자의 개인적인 사항(나이, 경력, 관심사 등)에 대한 질문부터 양국관계에서 국제정세 및 한반도 문제에 이르기까지 폭넓은 대화가 이루어졌다. 특히 장쩌민 국가주석은 "뜻이 있는 사람은 반드시 그 뜻을 이룬다", "큰 난리에도 죽지 않으면 나중에 복이 온다"는 중국 격언을 제시하며 김대중 대통령의 민주화 운동에 대

김대중 대통령과 장쩌민 주석이 베이징 인민대회당에서 열린 조약 서명식에서 건배하고 있다. (1998년 11월 12일 베이징)

출처: 국가기록원

김대중 대통령과 장쩌민 주석이 김대중 대통령 방중 환영식에 참석하였다. (1998년 11월 12일 베이징)

출처: 국가기록원

해 높게 평가함과 동시에 한중관계 발전에 대한 기대를 표명하였다. 김대중 대통령 역시 장쩌민 국가주석에게 세계화 시대에 한중 두 나라가 더욱 가깝게 지내고 아시아 금융위기에 공동으로 대처하는 것이 시대적 요구라는 점을 강조하고, 북한 핵문제 해결을 위한 4자회담이 진전을 거둘 수 있도록 중국이 적극적으로 협력해 줄 것을 요청하기도 했다.

이 시기 한중 정상회담이 1998년 동남아 외환위기 발생 이후에 개최되었다는 점에서 양국의 최대 관심사는 '경제위기 극복'이었다. 이를 반영하여 공동성명에는 양국이 동아시아 금융위기의 심각성을 인식하고, 양국이 금융위기 극복을 위해 정보 교류와 경제연구기관 간 협력을 강화하기로 결정했다는 점을 명시하였다. 한국은 중국 정부의 위안화 환율 안정 정책과 내수확대를 통한 경제성장 유지 방침이 최근 동아시아 금융위기를 완화하는 데 크게 기여하고 있다고 높게 평가하였다. 중국 역시 한국 정부가 취하고 있는 광범위한 경제개혁 및 금융위기 극복과 경제 회복을 위한 노력을 높게 평가했고, 중국이 향후에도 동아시아 외환위기 극복을 위해 지속적으로 '기여'할 것이라는 점을 천명하였다. 이번 정상회담에서 양국 정상은 한중관계를 '21세기를 향한 협력 동반자 관계'로 설정하는데 합의했고, 총 12개항으로 구성된 〈공동성명〉에 서명하였다. 구체적인 합의 사항은 다음과 같다.

1) '21세기를 향한 협력동반자 관계' 구축에 합의

한중 정상회담에서 양국 정상은 수교 당시 '선린우호 협력관계' 수립 이후 양국이 정치·경제·사회·문화 분야에서 이룩한 다양한 발전에 대해 높게 평가했고, 한중 양국의 발전이 두 나라뿐만 아니라 동북아 지역의 안정과 번영에 기여해 왔다는 점을 강조하였다. 그리고 양국 정상은 유엔(UN)헌장의 원칙과 1992년 〈한중수교 공동성명〉의 정신, 그리고 수교 이후 선린우호 협력관계의 발전 등에 기초하여 '21세기를 향한 한중협력동반자 관계' 구축에 합의하였다.

2) 한반도 평화와 안정 유지 노력 지속

중국은 한반도의 평화와 안정 유지를 위해 앞으로도 계속 노력해 나갈 것을 재천명하고, 최근 남북한 민간경제교류에서 얻은 긍정적인 진전을 환영하며, 한반도 남북 양측의 대화와 협상을 통한 한반도에서의 자주적인 평화통일 실현을 지지하고, 한반도 비핵화 공동선언의 목표가 하루 속히 실현되기를 희망하였다. 또한 양측은 4자회담의 추진을 통해 한반도에서 항구적인 평화체제가 점진적으로 수립되기를 희망하였다.

3) 경제무역 협력 심화 · 확대

정상회담에서 한중 양국은 1992년 수교 이후 지금까지 이룩한 양국의 경제 · 무역관계의 발전을 높게 평가했고, 다가오는 21세기에도 양국 간 경제 · 무역 협력을 더욱 심화, 확대함으로써 양국의 공동 번영은 물론 동아시아 지역의 안정 및 발전에 기여하기로 하였다. 이를 위해 다음 사항에 합의하였다.

첫째, 한중 간 "경제 · 무역 및 기술협력 공동위원회"의 수석대표를 차관급으로 격상시킨다.

둘째, 한중은 현재 양국 간 무역의 불균형 현상에 대해 유의하고, 양국 간 무역 확대를 통해 이러한 무역불균형 현상을 개선한다. 이와 관련하여 한국은 한중 무역 확대를 위한 중국의 한국에 대한 수출금융

제공 제의를 환영하고, 중국은 한국 정부의 조정관세 축소방침을 환영하였다.

셋째, 한중은 새로운 무역상품을 발굴하고, 반덤핑 제도와 같은 무역제한 조치 완화를 위해 협력을 강화해 나가기로 합의하였다.

넷째, 한국은 중국의 방콕협정 가입을 적극적으로 지지하였다.

다섯째, 한국은 양국 경제협력을 확대하기 위해 중국 안후이성의 2개 사업에 대한 70억 원(한화)의 대외경제협력기금(EDCF)차관 제공을 1998년 안에 결정하기로 하였다.

여섯째, 한중 양국은 금융감독관리 부문과 금융시장 상호개방 분야에서 협력을 강화하기로 하였다.

4) 한중 산업협력 강화

이번 정상회담에서 양국은 산업, 과학기술, 정보통신, 환경, 에너지, 자원, 농업, 임업, 원자력의 평화적 이용, 사회간접자본 건설, 철도 등 분야에서 협력을 강화하기로 하였다. 이를 위해 다음과 같은 사업을 추진하기로 합의하였다.

  o "한중 산업협력 위원회"의 협력사업을 지속적이고 적극적으로 추진하여 21세기 양국 간 산업협력 관계를 더욱 많은 성과를 거둘 수 있는 새로운 단계로 발전시켜 나가기로 하였다.

  o 양국은 「한중 과학기술협력에 관한 협정」에 따라 양국정부 및 민간의 과학기술협력을 지속적으로 강화해 나가기로 하였다.

  o 최근 홍수, 가뭄, 지진 등 자연재해가 양국에 막대한 피해를 주고 있음을 감안하여 양측은 상술한 부문에서의 정보교류 및 조기예보, 연구조사 등 분야에서의 협력을 강화해 나가기로 결정하였다.

  o 양국은 기초과학 부문에서의 교류를 강화하고, 동시에 첨단 기술

의 산업화 분야에서의 협력을 적극 추진해 나가기로 결정하였다.

o 정보화시대를 맞이하여 양국은 초고속 정보통신망 및 전자상거래 등 국가 정보화 부문에서 협력을 강화하고, 첨단 통신 기술 연구개발 분야에서의 협력을 지속적으로 추진해 나가기로 결정하였다.

o 양국은「한중 환경협력협정」에 기초하여 양국정부 간 환경 보호 및 환경산업 협력을 강화하고, 양국이 관심을 가지고 있는 황사 및 산성비 등 환경오염, 황해 환경보호 등 문제에 대하여 정부 간 공동조사 연구를 강화해 나가고, 동북아지역 협력 활동에 적극 참여하기로 결정하였다. 양측은 황해 환경보호를 위해 양국 유조선 사고 발생 시 해상오염 예방을 위해 공동 협력하기로 합의하였다.

o 양국은 에너지, 자원 등 부문의 공동개발 이용 분야에서 협력을 확대해 나가기로 합의하였다.

o 한국은 1999년 쿤밍 세계원예박람회 참가를 결정하였고, 이를 계기로 양국은 원예부문에서 교류와 협력을 강화해 나가기로 합의하였다.

o 양국은 한중 시범농장을 공동으로 건립하고 농작물 병충해 방지에 대하여 공동연구를 추진해 나가기로 결정하였다.

o 양국은 삼림이 자연생태계에서 차지하는 중요성과 삼림의 유지와 합리적 이용이 생태환경 개선, 나아가 인류생존 환경에 매우 중요한 역할을 한다는 것을 인식하고, '한중 간 임업협력 약정'에 기초하여 산림녹화, 토사유실 방지 등 분야에서 임업협력을 강화해 나가기로 합의하였다.

o 양국은「한중 간 원자력의 평화적 이용에 관한 협력을 위한 협정」에 근거하여 핵 과학 기술 및 핵에너지 분야에서의 교류와 협력을 지속적으로 강화해 나가기를 희망하였다.

o 한국은 호혜의 원칙하에 중국의 사회간접자본 건설에 참가하기를

희망하였으며, 양국은 또한 제3국 건설분야에 공동 진출 협력을
추진하기를 희망하였다.

o 양국은 「한중 철도분야 교류 및 협력약정」을 체결하였고, 철도 분
야에서 과학기술 교류와 교육훈련 분야의 협력을 강화해 나가기로
결정하였다.

5) 사회문화 교류 확대

이번 정상회담에서는 양국 지도자, 정부의 각 부문, 의회 및 정당 간
의 교류를 확대, 강화해 나가기로 합의하였고, 실제로 정상회담 이후
대통령－국가주석뿐만 아니라 다양한 분야의 고위급 인사 교류가 진
행되었다. 또한 이번 정상회담에서는 미래지향적인 한중관계를 발전
시키기 위해서 정부 간 교류뿐 아니라, 양국 국민 간 상호 이해증진과
다양한 교류확대가 필요하다는 데 인식을 같이하였다. 이를 위해 다음
과 같은 사항을 합의하였다.

o 양국은 양국의 각 분야에서의 문화교류 및 협력을 강화, 발전시키
기 위하여 한중 양국 정부 간 문화협정에 의거, "한중 문화공동위
원회"를 정기적으로 개최키로 하였다.

o 양국은 양국 각각의 정부수립 및 건국 50주년을 기념하여 1998년
과 1999년에 각종 행사를 개최키로 하고, 양국 정부는 이를 적극
지원하기로 합의하였다.

o 양국은 1998년 체결된 「교육교류 약정」을 기초로 교육 및 학술부
문의 교류를 강화해 나가기로 하였다.

o 양국은 양국 관광분야의 교류 및 협력을 강화하도록 장려하고, 양
국 관광업계의 발전을 공동으로 촉진해 나가기로 하였다.

o 양국은 양국의 각급 지방정부 간 자매결연 등 방식을 통해 경제,

문화 등 제반 분야에서의 교류를 확대해 나가기로 합의하였다.

o 양국은 양국이「한중 형사사법공조조약」,「한중 사증발급절차 간
  소화 및 복수 사증발급에 관한 협정」및「한중 양국정부간 청소년
  교류 양해각서」등 문서에 서명하고, 어업협정에 가서명하였다.

6) 국제무대 협력 강화

국제사회에서 중국의 위상 강화와 영향력 증대에 따라 미국을 포함
한 서방국가들의 대중국 견제 분위기가 고조되었고, 중국경제의 고속
성장으로 인해 역내에서 소위 '중국위협론'이 다시 제기되었다. 중국지
도부는 이러한 국면을 해소하기 위해 주변국 외교를 강화하기 시작했
고, 한국과도 지역 및 국제무대에서의 협력을 강화하고자 하였다. 이러
한 상황에서 이번 한중 정상회담에서는 국제무대에서의 협력을 강화
하기 위한 조치들도 이어졌다. 구체적인 내용은 다음과 같다.

o 양국은 핵무기 확산 방지와 핵에너지의 평화적 이용 및 생·화학
  무기 감축, 환경, 마약, 테러, 국제조직범죄 등 국제문제에 있어서
  협력을 강화하기로 합의하였다.

o 한국은 중국의 세계무역기구(WTO) 조기 가입을 지지하는 입장을
  재천명했으며, 양국은 아시아·태평양 경제협력체(APEC), 아시아·
  유럽정상회의(ASEM), 아세안지역안보포럼(ARF) 및 UN 등과 같은
  국제무대에서의 협력을 강화하고, 2000년 한국에서 개최되는 제3차
  아시아·유럽(ASEM) 정상회의의 성공적인 개최를 위해 협력해 나
  가기로 합의하였다.

이밖에도 중국은 세계에 하나의 중국만이 있으며, 대만은 중국 영토
의 불가분의 일부분임을 재천명하였고, 이에 대해 한국은 중국의 입장

에 대한 충분한 이해와 존중을 표시하고, 지금까지 실행해 온 '하나의 중국' 원칙에 대해 공감을 표시하였다. 특히 한국 정부의 오랜 숙원이었던 동북 3성의 요충지인 선양(瀋陽)에 영사사무소를 개설한 것은 이번 정상회담의 또 다른 성과라고 할 수 있다.

4. 소결 : 21세기를 향한 협력동반자 관계

김대중-장쩌민 정상회담은 최고지도자에 대한 개인적인 신뢰감에 기반하여 한중 양국관계 발전 및 지역의 평화와 안정을 위해 허심탄회한 대화를 나눈 사례라는 점에서 소위 '정상외교(summit diplomacy)'의 중요성을 다시 한번 일깨워 주었다. 실제로 2000년 6월 남북정상회담 종료 이후 장쩌민 국가주석은 김정일 국방위원장과 김대중 대통령에게 동시에 서한을 보내 "남북한 지도자들이 정치인으로서 비전과 지혜를 과시했다"며 역사적인 남북정상회담의 성공을 축하했다.

김대중-장쩌민 정상회담은 수교 이후 '선린우호 협력관계'를 유지해 온 한중관계를 '21세기를 향한 협력동반자 관계'로 격상시키고, 기존의 경제통상 분야에 집중되었던 협력의 범위를 사회·문화 및 군사·안보 분야로 심화 및 확대했다는 점에서 중요한 의의가 있다. 특히 당시 동아시아 외환위기 극복을 위해 한중 간 금융협력을 강화했다는 점, 그리고 한국 대북정책의 핵심인 '햇볕정책'에 대한 중국의 지지를 이끌어냄으로써 2000년 역사적인 남북정상회담의 기반을 마련했다는 점 역시 정상회담의 성과라고 할 수 있다.

다만 정상회담 시 김대중 대통령의 "동북아의 평화와 안정을 위해 동북아시아 6개국이 참여하는 논의의 장을 마련하는 것이 바람직하다"는 견해에 대해 장쩌민 국가주석이 "북핵문제 해결을 위한 4자회담이 여전히 진행 중이고 APEC을 통한 협력도 이루어지고 있으므로 점진적으로 검토하자"는 다소 소극적 입장을 피력했다는 사실은 중국이 4자회담 중재국으로서 중요한 역할을 하겠다는 의지를 표명한 것으로서, 동북아 지역질서의 다자적 해법에 대한 양국의 일정한 시각차를 드러내는 대목이다.

노무현 정부 시기(2003~2007)의 한중 정상회담

양갑용

국가안보전략연구원 책임연구위원

노무현 정부 시기(2003~2007)의 한중 정상회담

1. 노무현 정부 시기 한중관계 개괄

　노무현 정부와 후진타오(胡錦濤) 정부 모두 밀레니엄 시기에 집권했다. 두 정부는 한중수교 10년을 막 넘긴 시점인 2003년을 기점으로 집권하여 집권 시기를 사실상 공유한 정부이다. 즉, 후진타오 주석 10년 집권의 전반기 5년이 바로 노무현 대통령 집권 시기와 연결된다. 노무현 정부는 2003년 2월 말 임기를 시작했으며, 후진타오 정부 또한 2002년 11월 당 총서기에 오른 후 2003년 양회(兩會)를 통해서 국가기구를 구성했기 때문이다. 따라서 노무현 정부나 후진타오 정부 모두 사실상 2003년 초 새롭게 임기를 시작했다는 점에서 닮아 있다.

　2000년대 들어서 처음으로 집권을 시작한 한국과 중국의 노무현 정부와 후진타오 정부는 모두 한중수교 10주년을 막 넘긴 시점에 집권을 시작했다. 한중수교 10주년을 계기로 양국 정부는 서로 이해와 신뢰를 한층 더 돈독히 하고 높이는 계기가 필요한 시점에서 임기를 시작했다고 볼 수 있다. 즉, 노무현 정부와 후진타오 정부는 새롭게 임기를 시작한 정부인만큼 상호 협력이 역동적으로 발전할 것이라는 기대감을 갖고 있었다. 요컨대, 당시 양국관계는 ▲새로운 정부 출범 시기, ▲노무현 대통령과 후진타오 주석의 비슷한 연령대, ▲공통된 실용주의적 성향 등 여러 가지 동질성을 공유하고 있었다. 이러한 동질성이 양국 정상의 상호 신뢰를 더욱 강화하는 데 기여했다고 평가할 수 있다. 그리고 양국 정상의 상호 신뢰와 기대는 양국관계 발전에 긍정적인 영향을 미쳤다.

한편, 중국은 2002년 말부터 사스라는 신종 전염병이 확산하기 시작했다. 처음에는 급성 폐렴 정도로 인식되던 것이 중증 호흡기 증후군(SARS, 사스)으로 공식화되면서 중국뿐만 아니라 국제적으로 긴박한 공중보건 리스크가 되었다. 사스가 전 세계적으로 확산하면서 중국도 사스 확산에 따른 위기 상황에 직면했었다. 당시 한국은 사스 감염자가 단 3명에 그칠 정도로 철저한 방역에 따른 안전한 보건 상태를 유지하고 있었다. 중국이 사스 위협에 직면해 있는 상황에서도 한국 노무현 정부는 2003년 5월 노무현 대통령의 중국 국빈 방문을 결정하고, 2003년 7월 7일 중국 공식 국빈 방문을 추진했다.

당시 세계보건기구(WHO)는 2003년 7월 5일 사스가 안전한 통제 관리 범위에 들어섰다고 공식 발표했다. 세계보건기구 발표 이후 얼마 지나지 않아 중국 정부도 2003년 7월 말경 사스 종식을 선언했다. 노무현 대통령의 중국 국빈 방문은 사실상 중국 정부의 사스 종식 선언 이전인 5월부터 추진되었기 때문에 사스 이후 외국 정상으로 중국을 방문한 첫 사례가 되었다. 사스 기간 이루어진 노무현 대통령의 중국 방문은 당연히 중국 입장에서는 감염 위험을 무릅쓰고 중국을 방문한 외국 정상이라는 점에서 양국관계의 신뢰감은 매우 높았다고 말할 수 있다. 양국 방역 협력을 활발하게 진행할 수 있는 토대를 마련하고 신뢰를 구축했던 것이 바로 노무현 대통령의 국빈 방문이었다.

한편, 노무현 정부 집권 시기는 양국관계뿐만 아니라 역내 불안정 요소였던 북핵 문제에 대한 진전된 합의가 나온 시기이기도 하다. 북핵 문제에 대한 진전된 합의를 이끌어내기 위해서 한국과 중국은 북핵 등 한반도 문제의 중요 당사국으로서 상호 긴밀히 협력했다. 예컨대, 2003년 8월 중국은 6자회담 의장국으로서 북핵 문제 해결을 위한 과정에서 책임감을 가지고 각국(미·일·중·러+남북)의 이해관계를 중재하는 역할을 충실히 수행했다. 그 결과 2005년 북핵 문제 해결을 위한 6자 회담의 결과물로서 〈9·19 공동성명〉이 채택되었다. 〈9·19 공동성명〉은 북한의 핵 포기를 명시한 것으로서 중국의 역할이 작지 않았다. 중국이 6자회담 당사국 중 유일하게 북한의 우방국으로서 북한을 설득하는 일에 적극 나선 결과로 이해할 수 있다.

노무현 정부와 후진타오 정부 집권 시기는 수교 10년을 지나면서 양국의 경제 교역 규모가 폭발적으로 증가한 시기와도 맞물린다. 중국은 2003년에 한국의 최대 수출국, 2004년 말에는 한국의 최대 교역국으로 부상했다. 경제무역 방면에서 교역 규모 증가는 빠르게 이어졌고 이에 따른 양국 상호의존의 폭과 깊이가 확대되었다.

한편 이 시기는 경제적 상호의존의 긍정적인 효과 이면의 그동안 중시되지 않았던 양국 역사 문제 등 민감한 문제들이 수면 위로 드러나기 시작한 시기이기도 하다. 예를 들어, 2002년부터 2007년까지 중국이 진행한 동북공정과 관련하여 양국 사이에 역사적 쟁점이 새롭게 떠오르면서 한국에서는 고구려재단, 동북아역사재단 등이 출범했고, 이러한 쟁점은 언론을 통해서 다시금 확산되었다. 즉, 지난 수교 10년 동안 양국 사이 경제적 상호의존의 기대 효과에 가려졌던 양국 사이의 여러 역사 및 사회문제가 서서히 드러나기 시작했다. 다만 양국 모두에게 경제적 상호의존의 효과가 압도적인 상황에서, 사회문화적인 갈등 요

<표 1> 노무현 정부 시기 주요 한중 정상 교류

시기	내용
2003년 07월	노무현 대통령 국빈 방중 양국 정상회담
2003년 10월	ASEAN+3 회의(발리) 노무현 대통령－후진타오 주석 회담
2004년 10월	ASEM 정상회의(하노이) 노무현 대통령－후진타오 주석 회담
2005년 05월	전승 60주년 기념식(모스크바) 노무현 대통령－후진타오 주석 회담
2005년 11월	후진타오 주석 방한 양국 정상회담, 후진타오 주석 부산 APEC 회의 참석
2006년 10월	노무현 대통령 실무 방중 양국 정상회담
2006년 11월	APEC 정상회의(하노이) 노무현 대통령－후진타오 주석 회담
2007년 09월	APEC 정상회의(시드니) 노무현 대통령－후진타오 주석 회담

인이 크게 부각되지는 않았다. 여기에는 사회문화적 갈등이 확산되는 것을 우려한 양국 정부의 적극적인 노력도 한몫했다. 그 결과, 2004년 양국 정부는 고구려사 문제를 한중 민간차원 연구문제로 규정하면서 당시 상황을 적절히 관리해 나갈 수 있었다.

2. 노무현 정부 시기 한중관계의 주요 쟁점 및 사안

한중수교 10년이 경과하면서 양국은 역내 의제로서의 북핵 문제와 양자 간 의제로서의 상호 인식 및 협력 등 다양한 문제에 직면하고 있었다. 이러한 문제가 드러나는 것은 자연스러운 양국관계 심화의 과정이기도 했다. 당시 여러 문제들이 부각되었음에도 불구하고 양국은 서로 미래 지향적인 관계 발전의 기대와 희망을 가지고 있었고, 특히 북핵문제 해결을 위한 노무현 정부와 후진타오 정부의 협력은 그 어느 시기보다 두드러졌다. 노무현 대통령과 후진타오 주석 집권 기간 한중 양국은 〈9·19 공동성명〉을 이끌어 낼 정도로 협력이 잘 이루어졌다.

중국은 2002년부터 2008년까지 6자회담 의장국으로서 북핵 문제의 평화적 해결을 위해 한국과 지속적인 협력을 진행했다. 한국 또한 중국의 북한에 대한 영향력을 십분 고려하여 중국이 북한을 설득하여 회담 테이블에 나오도록 지속적으로 설득하는 작업을 이어갔다. 그 결과가 바로 다자회담의 성과물인 〈9·19 공동성명〉이었다. 이 공동성명은 한중 양국뿐만 아니라 한국과 북한 그리고 한반도 주변 주요 국가인 미국, 일본, 러시아와의 다자협상의 결과로서 만들어졌다는 데 의미가 있다. 그중 가장 값진 노력을 기울인 참여국은 한국과 중국이었다. 한편, 〈9·19 공동성명〉은 한중협력과 관계국들의 노력으로 어렵게 합의를 이끌어냈지만 이를 어떻게 실행해 나가느냐에 대한 실천 과제가 양국에 여전히 과제로 남겨졌다.

〈9·19 공동성명〉을 이끌어내는 데 있어서 의장국으로서 지도력을 발휘한 중국의 노력은 높게 평가받을만하다. 또한 북핵 문제를 다자 테이블에서 논의하고 공동의 결과를 도출하기 위한 한국과 중국의 협력도 높이 평가할만하다. 〈9·19 공동성명〉은 1조 "평화적인 방법으로 한반도의 검증 가능한 비핵화 달성", 2조 "북미·북일 관계 정상화", 3조 "에너지·교역·투자 분야 경제협력, 양자·다자적 증진", 4조 "직접 관련 당사국들의 한반도 영구 평화체제 관련 협상"과 "6자의 동북아 안보 협력 증진 모색" 등 동북아 냉전 질서를 협력적 탈냉전 질서로 바꾸는 획기적인 다자협상의 결과물이었다. 이러한 결과물을 구체적인 정책이나 조치로 연결하는 노력이 한중 양국의 과제로 남게 되었다. 양국 협력의 구체성을 실현하기 위한 과정에서도 당시 노무현 정부와 후진타오 정부의 상호 협력은 좋은 본보기가 되었다고 평가할 수 있다.

한편 노무현 정부 시기는 수교 10년을 지나오면서 그동안 잠복해 있던 역사·문화적 문제들이 하나둘씩 드러나는 시기이기도 했다. 대표적으로 중국이 국내적으로 2002년부터 시작한 이른바 '동북공정'은 한국에서 논란을 야기했다. 당시 이 문제는 양국 간 경제적 상호관계의 이점을 상쇄할 정도의 요인으로 부상했다. 한중 양국의 경제적 상호의존에도 불구하고 양국 모두에게 민감한 역사 문제가 양국관계의 주요 현안으로 부상하는 출발점이 된 것도 바로 노무현 정부 시기였다. 중국은 2002년부터 2007년까지 '동북공정'을 추진했다. 이 프로젝트의 원래 명칭은 '동북 변경 지방의 역사와 현황에 대한 일련의 연구 공정(東北邊疆歷史與現狀系列研究工程)'으로서 중국사회과학원 산하 '변강사지연구중심(邊疆史地研究中心)'이 주도하고 헤이룽장성, 랴오닝성, 지린성 등 동북 3성이 동참하면서 고구려사 문제 등 이른바 중국의 변방 역사에 대한 본격적인 재해석 작업을 시작하는 것으로 알려졌다.

다만, 동북공정으로 인한 논란이 이 시기에는 양국관계를 흔들 정도로 큰 파장을 일으키지는 않았다. 수교 10년은 양국의 경제적 상호의존이 심화하고, 양국 발전의 시너지 효과를 발휘하는 시기였고, 따라서 상호 협력의 필요성이 어느 때보다 중요하게 생각되었기 때문에 역사 문제에 대한 충돌이 전면적인 쟁점이 되지는 않았다. 그리고 역사 문제가 전면화되지 않은 배경에는 양국 정부가 여러 대화 채널을 가동하여 적절하게 관리했던 노력 또한 작용했는데, 역사 문제에 관련된 상호 인식의 편차가 양국관계를 안정적이고 지속가능하게 발전시키는 데 부정적 영향을 미친다는 것을 양국 정부 관계자가 잘 알고 있었던 것에 기인한다. 결국 양국 정부가 "역사 문제는 연구자의 몫으로 남겨두자"는 합의를 적극적으로 이끌어내면서 역사 문제로 촉발되었던 갈등과 대립 국면은 수면 아래로 가라앉았다.

한 가지 분명한 사실은 그간 양국관계를 규정해 오던 경제적 상호의존에 의한 양국 협력과 발전의 관계 설정이 역사 등 인문사회 문제를 둘러싼 갈등으로 번져나가는 첫 시기가 바로 노무현 정부 집권 시기라는 점이다. 이 당시만 해도 양국 정부는 이 문제를 안정적으로 관리하면서 갈등과 대립이 격화되는 것을 제어했고 사회 분위기상 그러한 제어가 어느 정도 효과를 발휘할 수 있었다. 그럼에도 불구하고 2004년 교육부 산하 고구려연구재단 설치, 2006년 동북아역사재단 출범 등 한국 내 대응이 이어지고 인터넷 여론 등이 반응하면서 결과적으로는 이 시기를 기점으로 역사 문제를 둘러싼 양국 간 갈등이 양국관계 전반에 실질적 영향을 미치기 시작했다.

역사문화적 갈등의 맹아가 움튼 것과는 달리 양국 경제 관계는 수교 10년을 지나면서 한층 더 성숙한 관계로 발전했다. 따라서 이 시기는 양국 경제 관계 등 제반 관계를 어떻게 안정적으로 이끌어갈 것인가가 주요 관심사였다. 또한, 경제적 상호의존이 양국 협력과 발전에 어떻게 더욱 잘 기여하게 할 것인가도 이 시기 양국관계의 주요 쟁점이었다. 예들 들어, 박근혜 정부 시기 체결한 한중 FTA의 필요성을 상호 공유하기 시작한 시점이 이 시기였다. 여기서 더 나아가 역내 안정된 경제 환경 조성을 위한 한중일 협력의 일환으로 한중일 FTA에 대한 논의를 시작한 것도 바로 이 시기였다.

한국과 중국, 일본은 동아시아 역내 주요 국가임에도 불구하고 ▲식민지 지배 등 과거사 문제 ▲역사 해석을 둘러싼 상이한 인식의 문제 ▲종군 위안부 등 전쟁 유산의 인정과 처리 문제 ▲영토 갈등 등 다양한 여러 문제에 직면하고 있었다. 물론, 이러한 인식의 차이가 역내에서 한중일 3국 협력을 제한했다. 그러나 한중의 건설적인 노력으로 역내 협력을 한층 강화하기 위해서는 한중일 협력이 필요하다는 인식의 공감대를 갖기 시작한 것이 바로 이 시기라고 할 수 있다. 특히, 한국과 중국의 상호 협력의 필요성과 공감대의 확산은 역내 문제에서 양국관계의 수준을 한 단계 더 높일 필요성의 심화로 이어졌다.

3. 노무현 정부 시기 정상회담 (1) : 2003년 7월 베이징 회담

1) 정상회담 개요

노무현 대통령은 후진타오 주석의 초청으로 2003년 7월 7일부터 10일까지 3박 4일 동안 중국을 국빈 방문했다. 중국의 공식 방문 행사는 인민대회당 동문 광장에서 열렸다. 중국의 공식 환영 행사는 의장대장 보고, 양국 국가 연주, 21발 예포 발사, 의장대 사열 및 분열 순으로 진행되었다. 정상회담은 인민대회당 동대청에서 개최되었다. 중국 측에서 탕자쉬안(唐家璇) 국무위원, 리자오싱(李肇星) 외교부장, 리빈(李濱) 주한대사, 왕이(王毅) 외교부 부부장 등이 배석했다. 한국 측에서는 윤영관 외교부 장관, 김하중 주중대사, 나종일 국가안보보좌관 등이 배석했다.

양국 정상은 정상회담 이후 인민대회당 하북청(河北廳)으로 이동하여 '민사·상사 사법공조 조약', '표준화 및 적합성 협력협정' 등 서명식에 참석했다. 그리고 중국 외교부 관계자 사회로 양국 정상은 북핵 관련 확대 다자회담 성사를 위한 대책, 북한 김정일 위원장과의 정상회담 가능성, 동북아 구상에 대한 논의 및 중국 측 반응 등에 대한 질문을 중심으로 기자회견을 진행했다. 정상회담이 마무리된 이후 후진타오 주석 주최로 양측 인사 120여 명이 참가한 가운데 국빈만찬이 진행되었다.

중국 국빈 방문 기간 동안 노무현 대통령은 후진타오 주석과 정상회담을 가졌고 우방궈(吳邦國) 전국인민대표대회 상무위원회 위원장, 원자바오(溫家寶) 국무원 총리, 쩡칭홍(曾慶紅) 국가부주석 등과도 양국 우호협력관계 발전과 역내 및 국제 문제에 관한 공동 관심사에 대해서 의견을 교환하고 공동 인식의 지평을 넓혔다. 당시 한중 정상회담은

베이징 인민대회당에서 열린 한중 정상회담 후 공동기자회견에 참석한 노무현 대통령과 후진타오 국가주석. (2003년 7월 7일 베이징)
출처: 국가기록원

당초 30분간 예정되었던 단독회담이 두 배 가까이 길어지는 등 정상회담 시간도 90분에서 110분으로 길어질 정도로 높은 관심 속에 진행되었다. 또한 노무현 대통령 일행은 공항에서 숙소인 댜오위타이(釣魚臺)에 이르기까지 초특급 경호를 받는 등 당시 사스 경계령 해제 이후 첫 외국 정상 방문이라는 점에서 각별한 의전상의 예우를 받기도 했다.

양국 정상회담은 노무현 정부와 후진타오 정부 출범 이후 처음으로 개최된 양국 정상회담이었다. 첫 단독회담이라는 부담감 속에서도 날씨를 주제로 덕담을 주고받는 화기애애한 분위기에서 진행되었다. 후진타오 주석은 회의 모두에 "이 정도면 꽤 좋은 날씨로 한중관계가 밝을 것이라는 점을 알려주는 것"이라고 덕담을 건넸다. 노무현 대통령도 "사스 퇴치에 후진타오 주석이 보여준 지도력과 중국 국민의 협조와 노력을 높이 평가하고, 이러한 저력이 앞으로 한중관계 발전과 북핵 문제 해결에 힘이 될 것으로 믿는다"라는 덕담으로 화답했다. 이처럼 이번 정상회담은 매우 화기애애한 분위기에서 열렸으며 회담 결과 또한 공동성명을 발표하고, 기자회견도 함께 하고, 양국관계를 '전면적 협력동반자 관계'로 격상시킬 정도로 우호적인 분위기에서 진행되었다.

2) 정상회담의 주요 의제

양국 관심사는 당연히 북핵 문제와 중국의 북핵에 대한 건설적인 역할에 관한 문제였다. 정상회담 직후 진행한 공동 기자회견에서도 후진타오 주석이 받은 첫 번째 질문이 '북핵문제 해결을 위한 확대 다자회담 성사에 대한 중국 측의 대책'에 관한 것이었고, 두 번째 질문은 '김정일 위원장과의 정상회담 용의가 있는지'에 대한 질문이었다. 양국 정상회담에서 북핵 문제는 한중 양국의 문제일 뿐만 아니라 역내 안정과 평화, 발전에 관련된 관건적인 문제로 인식되었다. 중국에게도 주변 환경의 안정 차원에서 매우 중요한 문제이지만 다루기 쉽지 않은 문제로 인식되었다.

중국은 이 문제의 근본적인 해결을 위해서 북핵 관련 당사국들이 모두 모여 관련 논의를 진행하는 플랫폼을 구상했다. 이른바 확대 다자회담의 성사였다. 중국은 6자회담이라는 이름으로 관련 논의를 진행하는 데 중추적인 역할을 수행했다. 특히, 우리 정부도 6자회담 의장국으로서 중국의 역할에 대해서 기대하는 바가 적지 않았다. 따라서 노무현 정부 시기 첫 국빈 방문에서 양국 정상들이 머리를 맞대고 논의한 의제가 바로 북핵 문제였다. 이 문제는 당시 노무현 정부가 구상했던 동북아 균형자론에 입각한 역내 평화와 안정을 이루는 데 있어 관건적인 문제였다.

한편, 수교 10년이 지난 시점에서 한국과 중국의 양국관계를 한 단계 끌어올리는 문제도 양국 사이에 주요 의제였다. 공동성명에 따르면 양국 정상은 회담 과정에서 수교 이후 11년 동안 진행되었던 양국 '선린 우호 협력관계'의 발전을 전반적으로 높게 평가했다. 그리고 향후 양국 의 정치, 경제, 사회, 문화 등 제반 분야에서 협력의 성과를 더욱 제고 해야 한다는 점에 인식을 함께 했다. 양국관계를 한 단계 끌어 올리는 데 있어서 양국은 경제, 통상 협력 확대 및 심화, 투자협정보장, 협력 분야 확대 등에서 합의점을 찾기 위해서 노력했다. 예를 들어 '미래지 향적 경제협력 관계'를 모색해 나가기로 한 것 역사 양국관계를 더욱 제고하기 위한 양국 정상의 노력의 결과였다.

한중교류도 양국 정상회담에서 중요한 의제로 다뤄졌다. 예를 들어 2002년에 진행한 한중교류의 해 활동을 성공적이라고 평가하고 동 성 과를 기반으로 한층 더 심화된 한중교류 방안을 도출하는 것이 양국 정상의 관심사였다. 이러한 양국 사이의 교류 증진은 상호 이해의 폭 을 넓히고 깊이를 확대한다는 점에서 향후 양국 각 분야의 교류와 협 력을 어떻게 제도화하고 정례화할 것인지에 대한 혜안을 모으고 구체 적이고 현실적인 교류 협력 대안을 모색하는 것도 정상들의 주된 관심 사였다. 이러한 의제들은 양국관계가 심화하면서 경제적 교류 외에 다 른 사회문화적 교류의 확대로 이어지는 것으로, 이러한 교류와 협력은 반드시 이미지와 우호감에 대한 새로운 변화를 추동하고 기존 이미지 와는 다른 좋지 않은 이미지의 등장을 경계해야 하기 때문이다. 언론 교류, 청소년 교류, 도시 간 교류 등을 통한 양국 국민들 간 우호협력의 기초를 다지는 것도 정상회담의 주된 의제가 되었다.

3) 정상회담의 성과

2003년 베이징 정상회담의 최대 성과는 양국관계를 '선린우호 협력 관계'에서 '전면적 협력동반자 관계'로 격상시켰다는 점이다. 그동안 한중 양국은 수교 이후 11년 동안 비약적인 발전을 통해서 양국에 도움이 되는 협력관계를 유지했다. 특히 경제무역 방면에서 양국관계의 진전은 한층 안정된 양국관계를 가져가는 데 기반 역할을 했다. 그리고 이러한 양국관계는 '선린우호 협력관계'를 넘어서 양국이 서로를 필요로 하는 동반자 관계로 진화할 필요성과 당위성이 있었다. 이러한 양국의 요구가 이번 정상회담에서 양국관계의 격상으로 나타났다.

특히 양국은 동반자 관계로의 격상을 통해서 유엔 헌장의 원칙과 한중수교 공동성명의 정신에 따라 미래 지향적이며 전면적 협력동반자 관계의 새로운 장을 열게 되었다. 이러한 동반자 관계로의 격상은 비단 경제나 무역, 산업 영역뿐만 아니라 역내 문제를 포함하여 양국의 대외정책에 있어서도 동반자 외교정책으로 나타나고 있고, 이는 장기적으로 전략적 협력 동반자 관계의 기초를 다졌다는 점에서 이번 정상회담의 큰 성과라고 말할 수 있다.

한편 베이징 정상회담을 통해서 양국의 북핵 문제에 대한 미세한 입장 차이가 노정되기도 했다. 나종일 당시 국가안보보좌관은 정상회담 이후 브리핑에서 북핵 문제에 관련하여 노무현 대통령과 후진타오 주석 간에 미세한 차이가 있었다는 점을 확인해주었는데, 예를 들어 노무현 대통령은 북핵 문제 관련하여 "다자회담의 필요성을 제안"했지만 후진타오 주석은 "당사자들이 모여 협의해야 한다"고 강조했다는 것이다. 그러나 다자회담의 주축이 될 당사자들의 범주를 어떻게 정할지 등은 정상회담의 논의 사항이 아니라 실무선에서 논의할 내용이라는 것으로 정리되었다. 정상회담에서 논의된 내용에 기초해서 양국 외교장관 등 실무선에서 한층 구체적인 논의를 추진할 동력을 제공한 것이 바로 정상회담의 성과라고 할 수 있다. 따라서 정상회담에서는 북핵 문제 해결에 대한 원칙적인 문제가 논의되었다.

후진타오 주석은 북핵 문제에 관련하여 북한이 주장하는 안전보장

문제도 고려해야 한다는 의견을 피력했다. 양국 정상은 북핵 문제 해결을 위한 방도로서 '확대 다자회담'을 제기했고 이를 성사시키기 위해서 양국이 서로 협력하기로 의견을 모았다. 북핵 문제 해결을 위한 원칙적인 입장에서 양국이 의견을 모았다는 의미로 이해할 수 있다. 한반도 문제에서 양국이 한반도의 평화와 안정을 유지하고 한반도의 비핵화 지위를 확보해야 한다는 것에 인식을 함께 했다는 것은 양국이 북핵 문제에서 대화를 통해서 평화적인 방법으로 해결해 나간다는 북핵 문제 해결의 대원칙에 동의한 것으로 이해할 수 있다. 이는 북핵 문제의 종국적 해결을 위해 전쟁이 아닌 평화적인 방법으로 해결의 길을 찾아야 한다는 점에서 양국이 공감대를 형성한 것을 의미한다. 그리고 이러한 양국의 생각을 정상회담을 통해서 확인했다는 데에 의의가 있다.

한중 양국 정상이 양국 간에 점증하는 사회문화적인 문제들에 대해서 우려를 표명하고 관련 조치를 피력한 것도 양국관계 발전에 크게 기여했다. 예컨대 양국 정상은 양국 고위급 교류, 정부, 의회, 정당 간 교류를 전면적으로 강화할 필요성에 공감했으며, 특히 지도자 간 상호 방문과 교류를 강화하여 대화 체제를 확대 발전시켜 나가기로 한 것은 의미있는 진전이었다. 또한 청소년, 언론, 교육, 체육, 자매도시 등 상호 교류의 필요성을 강조하고 그 활동을 강화화기로 한 것도 양국의 사회문화적 교류의 빠른 성장 및 발전에 모티브를 제공했다. 이 밖에 경제 활성화를 위한 제반 조건의 개선을 위한 노력을 언급하고 국제무대에서 한중 양국의 협력을 강화하는 내용 또한 양국관계 발전의 중요한 합의 사항 가운데 하나였다.

4. 노무현 정부 시기 정상회담 (2) : 2005년 11월 서울 회담

1) 정상회담 개요

한중 양국은 2005년 11월 16일 서울에서 한중 정상회담을 가졌다. 이번 정상회담은 2005년 11월 18일 부산에서 열리는 APEC 정상회의 참석차 한국을 방문하는 후진타오 국가주석 방한에 맞춰 이뤄졌다. 당시 후진타오 중국 국가주석 방한은 1995년 장쩌민 주석의 방한 이후 10년 만에 이루어진 중국 국가주석의 한국 방문이었다. 또한, 2003년 7월 노무현 대통령의 중국 국빈 방문 시 양국이 합의한 '전면적 협력 동반자' 관계를 한층 심화, 발전시키는 중요한 전기를 마련한 중국 국가주석의 방한이었다. 특히 2005년 11월 후진타오 중국 국가주석의 방한은 2005년 10월 28일부터 30일까지 이루어진 북한 방문에 이어 이루어진 한국 방문으로 북핵 문제 해결을 위한 정상 차원의 6자회담 문제가 깊이 있게 논의되었다. 한편, 이번 한중 정상회담은 2005년 5월 모스크바에서 개최된 전승 60주년 기념식에서 이루어진 양국 정상회담 이후 6개월여 만에 열리는 회담인 동시에 노무현 대통령 취임 이후 다섯 번째 정상회담이었다.

양국 정상회담은 청와대에서 열렸으며, 2005년 11월 16일 오후 3시 15분부터 한 시간 반 정도 진행되었다. 중국 측에서는 탕자쉬안(唐家璇) 외교부장 겸 국무위원이 배석했다. 노무현 대통령은 양국관계는 아주 좋은 상태라며 반가운 마음으로 후진타오 주석을 맞았으며 후진타오 주석은 7년 만에 한국을 방문하게 돼 특별히 친근감이 든다고 화답할 정도로 회의 분위기는 화기애애했다. 회의에서 후진타오 주석은 한국 방문 전 2005년 10월 28일부터 30일까지 2박 3일 동안 이루어진 북한 방문에 대한 결과를 노무현 대통령에게 설명했다. 후진타오 주석

청와대에서 열린 한중 정상만찬에서 노무현 대통령과 후진타오 주석이 건배하고 있다. (2005년 11월 16일 서울)
출처: 국가기록원

은 한국 방문 기간 김원기 국회의장, 이해찬 국무총리 등 한국 지도자들과도 각각 면담을 갖고 양국 관심사에 대해서 의견을 교환했다.

양국 정상회담에 앞서 양국 외교장관은 정상회담 사전 준비회담을 갖고 북핵 문제와 김치 문제 등 양국 현안에 대해서 의견을 교환했다. 양국 외교장관은 북핵 문제에 대한 지속적인 협력을 재확인하고, 〈9 · 19 공동성명〉 이행 방안 마련을 위한 협력 방안을 함께 논의했다. 또한 한국 측 반기문 외교통상부 장관은 리자오싱(李肇星) 중국 외교부장에게 "김치 문제가 한중관계에 전체적인 영향을 미치지 않도록 해달라"라고 당부하는 등 양국 외교장관은 정상회담 준비를 위한 사전 접촉을 긴밀하게 진행했다.

2) 정상회담의 주요 의제

이번 정상회담의 주된 의제는 북핵 문제 해결과 한반도 평화와 안정을 위한 한중 양국의 공동 대처 방안에 관한 것이었다. 이 의제는 앞서 열렸던 2003년 첫 정상회담의 의제와 큰 차이가 없었다. 여전히 북핵 문제가 한중 양국의 중요 관심사이자 역내 불안정을 야기하는 핵심 요소 가운데 하나라는 인식의 공감대를 확인할 수 있었다. 이러한 문제의식에 기초해서 양국 정상은 정상회담에서 2005년 9월 19일에 합의한 6자회담의 〈9·19 공동성명〉 이행방안을 집중적으로 논의했다. 아울러 2003년 7월 노무현 대통령의 중국 국빈방문 당시 양국이 합의했던 '전면적 협력동반자 관계'의 협력 확대 문제도 주요한 회의 의제였다.

사회문화적 이슈도 정상회담의 주요 관심사였다. 예를 들어 양국 간 발생한 김치 분쟁 문제도 정상회담에서 논의되었다. 양국 정상은 양국 외교장관 회담에서 합의한 김치 분쟁 문제를 해결하기 위해서 두 나라 간 검역 고위급 협의체를 조기 발족하기로 합의했다. 또한 양국의 교류와 협력을 전면적으로 강화하기 위해서 서해안 1일 생활권 촉진을 위한 협력 방안도 주요 의제로 다뤄졌다. 이 밖에 백두산 호랑이 번식 협력, 무역구제 분야 협력 확대, 무역과 투자 협력 등도 주요 의제로 다뤄졌다. 정상회담에서 양국은 백두산 호랑이 번식 협력에 관한 약정과 무역구제 분야 협력 확대 양해각서, 무역과 투자 협력 확대 양해각서 등에 서명했다.

3) 정상회담의 성과

노무현 대통령은 정상회담에서 후진타오 주석으로부터 지난달 북한 방문 과정에서 김정일 위원장과 나눴던 대화 내용 설명을 듣고 북핵 문제를 집중 논의했다. 공동기자회견을 통해서 양국 정상은 북핵 공동 성명 이행 합의를 위해서 함께 노력하기로 의견을 모았다고 밝혔다. 아울러 후진타오 주석은 10월 말 북한 방문에서 김정일 국방위원장에게서 "한반도 비핵화 노력을 지속해 나가겠다"라는 말을 들었다고 전했다. 양국 정상은 〈9·19 공동성명〉이 한반도 핵문제 해결에 중요한 기초가 될 것이라는 데 인식을 함께 하고, 공동성명의 이행 합의를 이끌어내기 위해서 양국이 공동 노력하기로 의견을 모았다. 또한 양국 정상은 6자회담 공동성명을 진지하게 이행하고 새로운 이행을 지속적으로 추진함으로서 한반도 핵 문제 해결에 함께 노력하기로 합의했다. 그리고 두 정상은 6자회담 참가국들이 공동성명 이행 과정에서 신축성을 갖고 성의있게 노력해야 한다는 데 인식을 함께 했다. 특히 후진타오 주석은 북핵 해결까지 많은 어려운 과정이 있을 것이기 때문에 인내심을 갖고 문제를 풀어가야 한다는 의견을 피력했으며 노무현 대통령 또한 이러한 인식에 공감을 표시했다.

두 정상은 경제와 통상 분야에서 교류와 협력을 확대해 나가기로 합의했다. 예컨대 양국 정상은 한중수교 20주년이 되는 2012년에 양국 교역 규모를 2005년도에 비해서 두 배 많은 연간 2천억 달러까지 늘리자는 목표를 설정했다. 이를 위해서 정상회담에서 노무현 대통령은 중국에 대해서 시장경제 지위(MES)를 인정하고, FTA 민간공동연구도 예정대로 추진하기로 합의했다. 노무현 대통령은 "정부가 중국의 시장경제 지위를 인정한다는 것은 이를 통해서 한중관계가 한 차원 더 높게 발전할 것"이라는 기대를 표명했다. 후진타오 주석도 "한국이 중국의 완전한 시장경제 지위를 인정한 데 대해서 감사드린다"고 환영 의사를 나타냈다. 한편 양국은 정보통신, 자동차, 철강 등 12개 중점산업 분야를 비롯해 17개 중점 협력대상 사업을 선정했다. 또한 IT, 환경, 에너지, 물류 및 조류 인플루엔자 분야 협력을 강화하기로 합의했다.

나아가 양국 정상은 김치 분쟁 등 무역 갈등을 원만하게 처리해 나가자는 데 인식을 함께하고 정상회담에서 식품 위생 등 문제를 해결하기 위해서 고위급 협의체를 가동하기로 합의했다. 또 양국 국민들 간 교류 확대를 위해서 2007년을 한중교류의 해로 지정하고 매년 수백 명 규모의 청소년 상호 방문을 지원하기로 했으며, 서해안 1일 생활권 시대를 위해서 항공 및 해운 분야의 협력을 강화하기로 합의했다. 양국 정상회담에서 공감대를 이룬 이러한 다양한 합의는 양국이 2003년에 합의한 '전면적 협력동반자 관계'를 한층 더 심화하고 발전시킨 것으로 평가할 수 있다.

5. 소결 : '전면적 협력동반자 관계'의 수립과 발전

노무현 정부 재임 기간 양국 정상 국빈 방문에 따른 정상회담은 각각 2003년 7월과 2005년 11월 두 차례 이루어졌다. 지난 한중수교 30년 기간 양국 공동성명은 여덟 차례 발표되었다. 첫 번째 양국 공동성명은 1992년 8월 24일 양국 수교에 맞춰서 발표된 〈대한민국과 중화인민공화국 간의 외교관계 수립에 관한 공동성명〉이었다. 한중수교 관련 공동성명을 제외하고 양국 정상의 국빈 방문에 따른 공동성명 발표는 모두 일곱 차례 있었다.

김대중 대통령 방중을 계기로 한 차례 공동성명이 발표(1998년 11월 13일)되었으며, 노무현 대통령 시기 두 차례(2003년 7월 8일, 2005년 11월 17일), 이명박 대통령 시기 두 차례(2008년 5월 28일, 2008년 8월 25일), 박근혜 대통령 시기 두 차례(2013년 6월 27일, 2014년 7월 3일)였다. 노태우 대통령 시기(1992년 9월 30일)와 문재인 대통령 시기(2017년 12월 14일)에는 한중 공동 언론 발표문이 나왔다. 이명박 대통령 재임 시기

에도 두 번의 공동성명 외에 한 차례 언론 발표문(2012년 1월 11일)이
나왔다.

후진타오 국가주석은 재임 기간 한국 정상과 네 차례 공동성명을 발
표하고 한 차례 공동 언론 발표문을 발표하는 등 내실있는 한중관계를
보여주었다. 이 기간 노무현 대통령은 두 차례 공동성명을 통해서 양
국관계를 '협력동반자 관계'에서 '전면적 협력동반자 관계'로 격상시켰
다. 또한 양국 정상은 양국 간 FTA 체결을 위한 분위기 조성에 착수하
기로 의견을 모았다. 아울러 양국 간 '미래 지향적 경제협력 관계'를 모
색해 나가기로 하는 등 양국 협력을 강화하는 데 합의했다. 한국이 청
두(成都), 시안(西安)에 총영사관을 개설하고, 중국이 광주(光州)에 총
영사관을 개설한 것도 이 시기의 주요 성과였다.

노무현 정부 시기는 양국 협력뿐만 아니라 역내 협력으로 관심을 확
대하여 ASEAN+3을 통해서 지속적으로 협력을 확대하고 심화하는데 의
견을 함께 했으며, 지역평화와 공동번영을 위해 양국이 한층 더 협력해
나가기로 했다. 이 시기 양국은 ASEAN+3, 동아시아 정상회의, 한중일
협력, ARF, APEC, ASEM, 아시아·라틴아메리카 포럼 등 각종 지역 및
지역 간 협력체에서 긴밀히 협력하고 역내 FTA 연구와 구축을 촉진하
며 지역협력 과정을 추진해 나가자는 데 동의할 정도로 양국 협력을
전방위적으로 확대 심화하는데 이해를 함께 한 시기였다.

한편 양국 협력을 한 차원 더 높여나가기 위해서 양국은 역내에서
한중일 협력이 필요하다는 인식에 공감대를 가지고 한중일 FTA의 경제
적 효과에 대한 3국 공동연구에 착수한 것도 바로 이 시기이다. 이러한
역내 협력을 위한 양국의 노력은 2003년 노무현 대통령의 국빈 방문에
이어 2년여 만에 후진타오 주석이 2005년 11월 부산에서 열린 APEC 정
상회의 계기로 한국을 국빈방문하여 정상회담을 갖는 것으로 이어졌
다. 이처럼 노무현 정부 시기 한중 정상회담은 양국 정상의 적극적인

노력에 따라 한중관계의 내실있는 발전을 다지는 안정적인 기반 역할을 수행했다고 평가할 수 있다.

이명박 정부 시기(2008~2012)의 한중 정상회담

김한권

국립외교원 교수

이명박 정부 시기(2008~2012)의 한중 정상회담

1. 이명박 정부 시기 한중관계 개괄

이명박 정부 시기의 한중관계는 전반적으로 경제·통상, 사회·문화 및 인적교류 분야에서 발전을 이어갔다. 이명박 대통령의 당선인 시절이었던 2008년 1월에 한중은 특사를 상호 교환하며 양국 협력관계의 기반을 쌓아갔다. 이명박 당시 당선인은 14일에 중국 정부의 특사 자격으로 방한한 왕이(王毅) 당시 외교부 부부장을 접견했다. 이 당선인은 중국이 6자회담의 의장국 역할을 맡고 있는 데 대해 감사의 뜻을 밝히고 대중국 관계를 결코 소홀히 하지 않겠다고 언급했다. 왕이 부부장은 이명박 당시 당선인에게 이른 시일 안에 중국을 방문해 달라는 후진타오 주석의 뜻을 전달했다.

이어 같은 달 16일에서 19일 사이에는 한국의 특사단이 중국을 방문했다. 방중 특사단에는 박근혜 전 한나라당 대표를 단장으로 한나라당

소속의 유정복, 유기준 의원과 구상찬 서울 강서갑 당협위원장, 김태효 성균관대 교수 등이 포함됐다. 중국은 한국 특사단에 대해 국빈급 대우를 제공하며 한중관계를 중시하고 있음을 보여주었다. 특사단은 후진타오(胡錦濤) 중국 국가주석을 비롯하여 탕자쉬안(唐家璇) 국무위원, 양제츠(杨洁篪) 외교부장, 왕자루이(王家瑞) 중국 공산당 대외연락부장, 류치(劉淇) 베이징올림픽 조직위원장, 당시 중국 최고위직 여성 정치인인 구슈렌(顧秀蓮) 전국인민대표대회 부위원장 등 중국 측의 환영과 함께 최고 지도부 인사들과의 연이은 만남이 성사되었다.

이명박 정부 첫해인 2008년에 한중은 정상외교를 포함한 활발한 고위급 회담을 이어갔다. 2월 25일 대한민국 제17대 이명박 대통령의 취임식에 탕자쉬안 국무위원이 참석하고, 3월에는 유명환 외교장관이 취임 후 첫 해외 방문 일정으로서 중국을 방문했다. 또한 5월과 8월에 양국 간 상호 방문의 정상회담이 개최되었으며 12월에는 제1차 한중일 정상회의를 통해 이명박 대통령과 원자바오(溫家寶) 총리 간에 회담이 개최되는 등 양국의 고위급 교류와 접촉이 이어지며 한중관계의 협력을 추구했다.

특히 2008년 5월 이명박 대통령의 첫 번째 중국 국빈 방문을 계기로 양국관계는 '전면적 협력동반자 관계(全面合作伙伴关系)'에서 '전략적 협력 동반자 관계(战略合作伙伴关系)'로 격상되었다. 또한 2009년 12월 9~15일 사이에는 후일 후진타오 주석에 이어 중국 최고 지도자에 오른 시진핑(習近平) 당시 중국 국가 부주석이 방한해 양국의 우의를 다졌다.

한편 2009년 5월 25일 북한의 2차 핵실험, 2009년 11월 10일 서해 대청해전, 2010년 3월 26일의 천안함 폭침 사건, 2010년 11월 23일 연평도 포격 사건에서 한중 간에는 한반도 평화와 안정이라는 목표를 공유하면서도 구체적인 방법론에서는 시각의 차이가 일부 나타나기도 했다.

이명박 정부 시기의 한중관계가 마주했던 대외환경으로는 중국이 미국과 함께 명실상부한 G2의 한 축으로 국제사회에서 위상을 인정받았던 점을 들 수 있다. 1990년대부터 시작된 '중국의 부상(Rise of China)'에 이어 이명박 정부 시기였던 2008년 8월에 중국은 베이징 하계 올림픽을 성공적으로 개최하며 강대국 중국의 위상을 대내외적으로 각인시켰다. 또한 같은 해 말 미국발 금융위기가 발생하며 국제 금융시장의 불안 및 신용경색이 실물경제에까지 영향을 미치며 세계 경제가 침체했다. 그렇지만 중국은 2010년에 국민총생산(GDP) 지표에서 일본을 추월하며 미국에 이은 세계 2위의 경제 강국의 자리에 올랐다.

세계 금융위기의 후유증과 유럽 재정위기의 여파로 이명박 정부 중반기까지 세계 경제의 불확실성이 지속되는 가운데 2012년에는 주요국들의 지도부가 교체되었다. 5월 러시아에서는 블라디미르 푸틴(Vladimir Putin) 대통령의 집권 3기가 공식적으로 출범했다. 11월에 들어서는 미국에서는 버락 오바마(Barack Obama) 대통령이 재선에 성공했으며, 중국에서는 공산당 18차 전국대표대회를 통해 시진핑 당시 국가 부주석이 공산당 총서기 및 당 중앙군사위원회 주석으로 선출됐다. 12월에는 일본에서 자민당이 제46회 일본 중의원 의원 총선거에서 승리하며 정권 교체에 성공하고 아베 신조(安倍晋三)가 제96대 내각총리대신에 올랐다.

다른 한편으로 이명박 정부 시기 들어 중국이 국제사회에서 G2의 위상을 인정받음과 동시에 미중 전략경쟁 구도가 점차 부상하기 시작했다. 이명박 정부는 '창조적 실용외교'를 표방하며 한미동맹을 '전략적 동맹'으로 강화하는 한편, 한중관계도 '전략적 협력 동반자 관계'를 공고히 하며 미중 사이에서 양국 모두와의 협력 확대를 모색했다. 중국 또한 미국과 원만한 관계를 유지하기 위해 노력하는 한편, 한국과도 양자관계의 협력 확대를 모색했던 시기였다.

2. 이명박 정부 시기 한중관계의 주요 쟁점 및 사안

1) 전략적 협력 동반자 관계로의 격상

이명박 정부 첫해인 2008년의 한중관계는 1992년 수교 이후 처음으로 한 해 동안에 양국 정상의 교환 방문이 이루어졌다. 2008년 5월 이명박 대통령의 국빈 방중 당시 양국 정상은 한중관계를 기존의 '전면적 협력동반자 관계'에서 양자 차원은 물론 지역 및 범세계적 문제 관련 협력까지 포괄하는 '전략적 협력 동반자 관계'로 격상시키기로 합의했다. 같은 해 8월 후진타오 주석의 국빈 방한 시 양국은 '전략적 협력 동반자 관계'의 구체화 및 내실화를 위해 정치, 안보, 경제·통상, 사회·문화 등 각 분야에 걸친 실천 방안을 담은 '한중 공동성명'을 발표했다.

한편 2008년 5월 이명박 대통령의 방중 당시 중국 외교부 친강(秦剛) 대변인이 "한미 군사동맹은 지나간 역사의 유물"이며 "냉전시대의 군사동맹으로 전 세계 또는 각 지역이 당면한 문제를 다루고 처리하려 해서는 안 된다"고 발언하며 한미동맹에 대한 우려를 표명했다. 이후 한미동맹과 한중협력을 어떻게 병행 발전시킬지가 한국 대외정책의 새로운 과제가 되었다.

2) 북한의 핵 및 미사일 실험과 6자회담의 정체(停滯)

중국이 의장국이었던 6자회담은 2005년의 〈9·19 공동성명〉, 2007년의 2.13 합의 및 10.3 합의 등 의미 있는 성과를 도출했다. 그러나 2008년 12월에 열린 6자회담 수석대표회의를 끝으로 6자회담은 더 이상 개최되지 못했다. 북한은 2009년에 장거리 로켓발사(4월 5일), 제2차 핵실험 (5월 25일), 탄도미사일 발사(7월 2일, 7월 4일, 10월 12일) 등 연이은 도발을 감행했고, 이로 인해 6자회담은 관련국들의 재개 노력에도 불구하고 정체될 수밖에 없었다.

특히 북한은 6자회담의 합의와 UN 안전보장이사회 결의 1718호를 무시한 채 2009년 5월 25일 2차 핵실험을 감행했다. 이에 대해 UN 안전보장이사회는 2009년 6월에 대북제재 조치가 포함된 결의 1874호를 만장일치로 채택했다. 하지만 북한은 2010년 11월 9일에서 13일 사이 미국 스탠퍼드 대학 헤커(Siegfried Hecker) 교수를 포함한 미국 전문가를 초청하여 영변 경수로 건설 현장과 우라늄 농축시설을 공개하면서 6자회담의 재개 노력에 또다시 찬물을 끼얹었다. 또한 북한은 이명박 정부 말기이자 후임 박근혜 대통령의 취임식을 약 2주 앞둔 2013년 2월 12일에 함경북도 길주군 풍계리에서 3차 핵실험을 실행했다. 한국의 정권 교체기에 단행했던 3차 핵실험에서 북한은 기존의 플루토늄이 아닌 고농축우라늄(HEU)을 원료로 사용했다고 주장했다.

결과적으로 이명박 정부는 취임 첫해와 마지막 해에 북한의 핵실험을 경험해야 했다. 중국이 의장국이었던 6자회담은 그 역할과 성과 측면에서 긍정적으로 평가할 부분이 많다. 하지만 2009년 이후 북한의 연이은 도발과 6자회담의 정체로 인해 한중 간에 비핵화를 포함한 한반도 정세를 논의하고 긴밀한 협력을 만들어 가는 데 어려움이 드러나기도 했다.

3) 천안함 폭침 및 연평도 포격 사건

2010년 3월 26일 서해 북방한계선(NLL) 이남 백령도 인근에서 한국 해군의 천안함이 북한의 어뢰 공격으로 침몰했다. 이어 같은 해 11월 23일에는 연평도 포격 사건이 발생했다. 당시 연이은 북한의 무력도발에 대해 한국은 북한의 책임 규명과 재발 방지에 초점을 맞추었다. 반면 중국은 각 측이 자제할 것을 촉구하는 한편, 이 사건이 북한의 행위라는 명백한 증거는 없다는 입장을 견지했다. 2010년에 연이어 발생했던 천안함 폭침과 연평도 포격 사건 등으로 인해 한국과 중국은 한반도 평화와 안정이라는 목표를 공유하면서도 구체적인 방법론에서는 양국 사이에 일부 이견이 존재함을 확인했다.

4) 2011년 12월 김정은 사망과 김정은 체제 등장

2011년 12월 19일에 북한 김정일 국방위원장의 사망이 발표되었다. 김정일 국방위원장이 사망함에 따라 북한은 그의 아들인 김정은을 2012년 4월 11일 노동당 대표자 회의에서 제1비서로, 4월 13일 최고인민회의에서 국방위원회 제1위원장으로, 이어 7월 18일에는 조선인민민주주의공화국(DPRK) 원수로 추대하였다. 이후 김정은은 당과 군 조직을 장악하면서 권력 공고화 작업을 진행했다.

이명박 정부는 북한의 정권 교체기에 미·일·중·러 등 주요국과 정상 및 외교장관 간 외교채널을 신속히 가동하여 긴밀한 협의를 갖고 한반도 정세의 안정적 관리를 위해 노력했다. 당시 한국의 김성환 외교부 장관은 양제츠 당시 중국 외교부장과 전화통화를 갖고 한반도의 평화와 안정 유지의 중요성에 공감을 이루고 한중 간 긴밀한 소통과 협조를 유지하기로 합의했다.

5) 한중수교 20년

한중 양국은 2012년 8월 수교 20주년을 앞두고 양국관계의 내실화를 위한 노력을 지속했다. 특히 양국은 2008년 8월 한중 정상회담의 합의에 따라 출범했던 한중 전문가 공동연구위원회에서 2010년 4월에 '미래 공동발전을 위한 한중 전략적 협력 동반자 관계' 제하의 공동연구보고서를 발간했다. 이어 2012년 9월에는 '한중 전략적 협력 동반자 관계의 심화 발전을 위한 정책제안' 관련 최종 보고서를 양국 정부에 제출했다.

이와 더불어 한중은 수교 20주년을 맞이하며 2012년을 '한중 우호교류의 해' 및 '한국 방문의 해'로 정하고 각종 기념행사를 공동 개최했다. 또한 양국은 수교 20주년을 맞이하여 한중 자유무역협정(FTA) 협상 개시 및 영사 분야에서의 협정 체결 추진 가속화에도 합의했다.

3. 이명박 정부 시기 개최된 정상회담 (1) : 2008년 5월 베이징 회담

이명박 대통령은 취임 후 약 3개월이 지난 2008년 5월 27~30일 사이 후진타오 주석의 초청으로 중국을 국빈 방문했다. 방문기간 동안 이명

이명박 대통령이 국빈 만찬장에서 후진타오 주석과 환담을 나누고 있다. (2008년 5월 27일 베이징)
출처: 국가기록원

박 대통령은 후진타오 주석과의 정상회담을 비롯하여, 원자바오 국무원 총리, 자칭린(賈慶林) 전국정치협상회의 주석과의 면담을 진행했고 우호적인 분위기에서 한중관계의 발전과 협력이 논의되었다.

이명박 대통령은 방중 당시 중국 쓰촨성(四川省) 원촨(汶川)에서 발생한 지진으로 인한 인명 및 재산피해에 대해 깊은 애도와 위로를 표했다. 특히 이 대통령은 중국 방문 마지막 날이었던 30일 외국 정상으로는 처음으로 쓰촨성 대지진 피해 현장을 직접 찾는 행보를 보이며 중국인들을 위로했다. 중국 지도자들은 한국 정부와 국민들이 중국의 재난 상황에 관심을 갖고 긴급원조를 제공하고 구조대를 파견한 것에 대해 사의를 표명했다.

28일에는 이명박-후진타오 단독 및 확대 정상회담이 베이징 인민대회당에서 개최되었으며 공동성명이 발표되었다. 정상회담에 이은 만찬에는 한국 측에서 유명환 외교통상부 장관, 김도연 교육과학기술부 장관, 이윤호 지식경제부 장관을 비롯한 공식수행원 12명과 손경식 대한상의 회장, 이수빈 삼성그룹 회장 등 경제계 인사 15명 등 총 35명이 참석했다. 중국 측에서는 천창즈(陳昌智) 전국인대 부위원장과 다이빙궈(戴秉国) 국무위원, 양제츠 외교부장을 비롯한 36명이 참석했다.

같은 날 발표된 한중 공동성명은 ▲한중관계 발전, ▲경제·통상 협력 확대, ▲인적·문화 교류 강화, ▲지역 및 국제무대에서의 협력 추진, ▲조약·양해각서 서명, ▲평가 및 향후 정상교류의 의제를 다룬 총 6장으로 구성되었다. 공동성명은 한중관계 발전에 대해 양국은 1992년 수교 이래 이룬 급속한 관계 발전을 높이 평가하고, 양국관계를 '전면적 협력 동반자관계'에서 '전략적 협력 동반자관계'로 격상했다는 내용을 담고 있었다.

또한 양측은 양국 지도자, 정부 각 부처, 의회와 정당 간의 교류를 더욱 강화시켜 나가기로 했다. 특히 양국은 외교안보 분야 대화와 협력을 증진시켜 나갈 필요가 있다는 인식 하에, 외교 당국 간 고위급 전략대화 체제를 구축하기로 합의하고, 양측 간 '한중 외교·안보 대화'를 정례화하기로 합의했다. 끝으로 중국 측은 '하나의 중국' 원칙을 재천명하였으며, 한국 측은 중화인민공화국 정부가 중국의 유일 합법 정부라는 것과 '하나의 중국' 입장을 계속 견지해 나갈 것임을 밝혔다.

경제·통상 협력 확대를 위해 한중은 2005년 양국 정상이 채택한 '한중 경제통상협력 비전 공동연구보고서'를 양국 간 실질적인 경제·통상 협력의 토대로 활용할 수 있도록 조정·보완해 나가기로 했다. 특히 한중 FTA 산·관·학(産官學) 공동연구 결과를 토대로 한중 FTA 추진을 상호 이익의 원칙에 따라 적극 검토해 나가기로 했다. 또한 '한중 투자보장협정'의 개정 및 공포가 양국 호혜공영의 경제·통상 관계 발전방향에 부합한다는 데 인식을 같이했다.

이동통신 분야에서 양국 통신기업간 자본 및 기술협력이 확대되도록 적극 지원하며, 전자정보통신 분야의 협력을 소프트웨어, 무선주파수식별시스템(RFID) 등의 분야로 확대해 나가기로 했다. 이 외에도 에너지 분야, 지적재산권 보호, 식품안전 및 품질검사, 물류 및 노무 협력, 금융시장의 개혁과 개방을 추진, 국제 및 지역 금융기구에서의 협조와 협력을 강화, 환경산업, 황사 관측, 황해 환경보전 등 분야의 교류와 협력을 강화하기로 합의하였다.

인적·문화 교류 강화를 위해 한중은 청소년 홈스테이 프로그램 및 대학 장학생 교류 확대, 사증 편리화 조치 적극 검토, 양국 학술기관이 역사, 문화 등의 분야에서 교류를 전개하는 것을 지원하기로 했다. 또한 중국 측은 한국 측의 주 우한(武漢) 총영사관 설립 계획을 환영했다.

지역 및 국제무대에서의 협력 추진에서 중국 측은 남북한 양측이 대화와 협상을 통해 관계를 개선하고, 궁극적으로 평화적인 통일을 실현하는 것을 변함없이 지지한다는 점을 재확인했다. 한국 측은 한반도 평화와 안정 실현을 위한 중국 측의 건설적인 역할을 기대했다. 또한 양측은 6자회담 관련 〈9·19 공동성명〉의 이행을 위한 제2단계 행동 계획이 "행동 대 행동"의 원칙에 따라 전면적이고 균형적으로 조기에 이행되어야 한다는 데 인식을 같이했다. 이 외에도 양측은 한반도 및 동북아의 평화와 안정을 실현하기 위해 계속 긴밀히 협력해 나가기로 했으며, 특히 한중일 협력이 3국 정상회의와 외교장관 회의의 3국 내 순환 개최 등 3국간 빈번한 교류를 지속시키기 위해 노력하기로 했다.

조약·양해각서 분야에서는 '한중 수형자 이송 조약', '중화인민공화국 과학 기술부와 대한민국 교육과학기술부간 극지(極地)에서 과학기술 협력에 관한 양해각서', '한중 학위학력 상호인증 양해각서'가 체결됐다.

끝으로 평가 및 향후 정상교류에 관한 논의에서 후진타오 주석은 이명박 대통령의 베이징 올림픽 개막식 참석을 기대 및 환영한다고 밝혔다. 이명박 대통령은 베이징 올림픽이 인류 화합의 제전으로서 성공을 기대하고 개막식 참석 의사를 표명했다. 이어 이명박 대통령은 중국 측의 환대에 사의를 표하고, 후진타오 주석이 조기에 한국을 방문하여 주길 희망하며 초청의 의사를 전달했다. 이에 후진타오 주석은 이 대통령의 초청을 수락했다.

4. 이명박 정부 시기 개최된 정상회담 (2) : 2008년 8월 서울 회담

후진타오 주석은 이명박 대통령의 초청으로 2008년 8월 25일에서 26일 사이 한국을 국빈 방문했다. 후진타오 주석은 25일 이명박 대통령과 단독 및 확대 정상회담을 갖고 공동성명을 발표했다. 당시 후진타오 주석의 방한은 베이징 하계 올림픽 폐막 후 첫 해외 방문지로 한국을 택했다는 점에서 의미를 가졌으며, 한중 정상회담은 우호적인 분위기 속

후진타오 주석이 이명박 대통령이 주최한 국빈 만찬장에서 박근혜 당시 국회의원과 악수하고 있다.
(2008년 8월 25일 서울)
출처: 국가기록원

에서 진행되었다. 이명박 대통령의 입장에서도 같은 해 5월 베이징 방문
과 직전의 8월 8일 올림픽 개막식에서의 만남에 이어 후진타오 주석과
는 취임 후 세 번째 만남이었다. 이로 인해 친밀하고 자연스러운 분위
기 속에서 한중의 최고 지도자들은 양국의 협력 발전 방안에 대해 논
의하고 또한 다양한 분야에서 성과를 거둔 정상회담이었다.

　한중 확대 정상회담에서는 한국 측에서 유명환 외교통상부장관, 이
윤호 지식경제부 장관, 신정승 주중대사, 김성환 청와대 외교안보수석,
박병원 경제수석, 이동관 대변인, 김종훈 통상교섭본부장 등이 배석했
다. 중국 측에서는 다이빙궈 국무위원, 양제츠 외교부장, 천더밍(陳德
銘) 상무부장, 천스쥐(陳世炬) 주석 판공실 주임, 닝푸쿠이(寧賦魁) 주

한대사, 장핑(張平) 국가발전개혁위원회 주임, 링지화(令計劃) 중앙판공청 주임, 왕후닝(王滬寧) 중앙정책연구실 주임, 후정위에(胡正躍) 외교부 차관보 등이 참석했다.

정상회담에 이어 열린 후 주석을 위한 환영 만찬에는 한국 측에서 박희태 한나라당 대표, 정세균 민주당 대표, 이회창 자유선진당 대표, 박근혜 전 한나라당 대표, 김덕룡 전의원(17대 국회 한중의원 외교협회장), 경제 4단체장 등 정·재계 주요인사 100여 명이 참석했다. 이와 더불어 '한류'를 통해 당시 중국에서 최고의 인기를 누렸던 배우 이영애와 가수 장나라가 참석하여 관심을 모음으로써 이명박 대통령 시기의 한중관계에서 사회·문화 교류가 가지는 중요성을 다시 한번 확인했다.

총 13장으로 구성된 공동성명은 정치 분야 5개, 경제 분야 17개, 인적·문화교류 분야 6개, 지역 및 국제협력분야 6개 등 총 34개 항의 합의사항을 담았다. 이 가운데 7개 항은 구체적인 사업이행을 위한 양해각서 또는 약정서 체결에 관한 것이었다. 공동성명은 많은 부분에서 한중 전략적 협력 동반자관계를 포함해 2008년 5월 이 대통령의 방중시 발표했던 내용들을 다시 한 번 확인하고 추가적인 협력 방안을 논의했다.

공동성명에서 이명박 대통령은 중국이 베이징 올림픽을 성공적으로 개최한 것을 축하하였다. 후진타오 주석은 이 대통령이 베이징 올림픽 개막식에 직접 참석하고 지원해 준 데 대해 사의를 표했다. 양측은 정치적 신뢰의 증진, 호혜협력의 심화, 인적·문화적 교류의 촉진, 지역 및 범세계적인 문제에 대한 조율과 협력의 강화를 통해 한중관계를 발전시켜 나가기로 했다.

이를 위해 한중은 다양한 분야에서 협력 방안을 논의했는데 5월의 정상회담과 비교하여 추가적인 성과로는 정치 분야에서 양국 외교부 간 제1차 고위급 전략대화를 2008년 내에 개최하고 실무급 업무 협의

체제를 정례화하여 대외정책 및 국제정세에 대한 의사소통을 강화하기로 했다. 또 양국 전문 학자들로 하여금 한중 교류 및 협력의 전면적 추진에 관하여 공동연구를 추진하고 양국 정부에 관련 보고서를 제출하는 방안을 추진하기로 했다. 끝으로 중국 측은 주한 중국대사관의 광주 영사사무소를 총영사관으로 승격하기로 했으며, 한국 측은 이를 환영했다.

한중은 또한 국방 당국 간 고위급 상호 방문을 활성화하고, 상호 연락체제를 강화하며, 다양한 직급과 다양한 영역에서의 교류와 협력을 추진해 나가기로 했다. 그리고 한중 해양경계 획정 문제를 조속히 해결하는 것이 양국관계의 장기적이고 안정적인 발전을 위하여 중요한 의미가 있다는 데 동의하고 회담을 가속발전시키기로 했다.

경제 분야에서 한중은 2,000억 달러 무역액 달성 목표를 2010년으로 앞당기기 위해 함께 노력하고, 이를 위해 무역 및 투자 원활화, 품질 검사·검역, 무역구제조치, 지적재산권 분야 등에 있어서 협력을 강화하는데 동의했다. 또한 한중은 2010년 상하이 세계박람회와 2012년 여수 세계박람회의 성공적인 개최를 위하여 '중국 2010년 상하이 세계박람회 조직위원회와 한국 2012년 여수 세계박람회 조직위원회 간 교류 양해각서' 등을 체결하여 상호 협력을 강화하고 경험을 공유하며 정보를 교환해 나가기로 했다. 또한 유관 정부부문 및 기업 간 '정보기술 혁신협력에 관한 양해각서', '에너지절약 분야 협력에 관한 양해각서', '사막화방지 과학기술협력 관련 양해각서', '무역투자정보망의 운영 및 유지 협력에 관한 양해각서', '첨단기술 분야 협력에 관한 양해각서', '수출입수산물 위생관리에 관한 약정서'를 체결했다.

인적·문화 교류 분야에서 양측은 2010년 및 2012년을 각각 중국 방문의 해와 한국 방문의 해로 정하고, 관광을 비롯한 다양한 양자 교류 행사를 추진하여 양국 간 인적 교류를 촉진하기로 했다. 중국 측은 주한 중국대사관의 광주 영사사무소를 총영사관으로 승격하기로 하였으며, 한국 측은 이를 환영하였다. 이 외에도 한중은 '중국 따오기 기증 및 한중 따오기 증식·복원 협력 강화를 위한 양해각서'를 체결했다. 또한 '한중 교육교류 약정'의 개정을 통해, 정부 상호 초청 장학생을 각각 40명에서 60명으로 확대하고, 매년 상호 초청을 통한 한중 청소년 교류 프로그램을 실시하기로 합의했다.

지역 및 국제협력 분야에서는 ASEAN+한중일, 한중일 3국 협력, 동아시아정상회의(EAS), 아세안 지역안보포럼(ARF), 아시아태평양 경제협력체(APEC), 아시아 협력대화(ACD), 아시아유럽회의(ASEM), 동아시아−라틴아메리카포럼(FEALAC), 아시아−중동대화(AMED), 아시아−아프리카정상회의 등에서의 조율과 협력을 유지하기로 했다. 또한 한중은 대량파괴무기 확산 방지, 국제 테러리즘 대응, 마약, 금융경제 범죄, 하이테크 범죄, 해적, 기후변화 문제 등에 대한 협력을 강화해 나가기로 했다.

끝으로 양측은 상기 분야에서의 합의를 충실히 이행하기 위해, 양국 외교부 간 고위급 전략대화, 경제무역공동위원회, 관광장관 회의 등 양자 협의체를 통해 구체 계획을 세우고 이를 효과적으로 추진해 나가기로 합의했다.

5. 이명박 정부 시기 개최된 정상회담 (3) : 2012년 1월 베이징 회담

이명박 대통령은 후진타오 주석의 초청으로 2012년 1월 9일부터 11일까지 중국을 국빈 방문했다. 방문기간 동안 이 대통령은 11일에 후 주석과 정상회담을 가졌으며, 우방궈(吳邦國) 전국인민대표대회 상무위원회위원장, 원자바오 국무원 총리와 각각 면담했다. 한중수교 이후 역대 한국 대통령들이 중국으로부터 한 번의 국빈 방문 초청을 받았던 점과 비교해 이명박 대통령은 두 번의 국빈 방문 초청을 받으며 이전과는 다른 한중 정상회담의 새로운 사례가 만들어졌다.

김정일 북한 국방위원장 사망 이후 처음으로 만난 이명박 대통령과 후진타오 주석은 한반도 정세에 대해 깊은 대화를 나누고 한중관계의 발전 방안에 대해 논의했다. 다만 한중 정상회담 이후 공동성명이 발표되었던 앞선 두 차례의 정상회담과는 달리 공동성명 대신 한중 공동언론발표문이 공개되었다.

총 9항으로 구성되어있는 공동언론발표문은 앞선 두 번의 공동성명에서 합의했던 내용들을 다시 한번 확인하고 일부 추가적인 협력 방안이 포함되어 있었다. 공동언론발표문에서는 2008년 한중관계가 '전략적 협력 동반자 관계'로 격상된 이래 정치, 경제, 사회, 문화, 인적교류 등 각 분야의 협력에서 새로운 진전을 이룩한 것을 높이 평가했다. 특히 중국 측에서 한국과의 FTA 체결에 비교적 적극적인 모습을 보였던 점이 관심을 받았다.

동 발표문에서 이전에 비해 추가된 내용들로는 외교 분야에서 양국 외교장관 간 직통전화(hot-line) 구축, '한중 외교관 여권 사증 면제협정'의 조속한 체결, 청소년 수학여행단 사증절차 간소화를 들 수 있다. 또한 양국 해양 분야 협력 촉진을 위하여 외교·어업 등 관계부처가 공동 참여하는 대화와 협의를 가동시키도록 적극 검토하는 데 동의했다. 그리고 한중은 G20의 중요한 역할을 인식하고, G20에서 협력을 더욱 강화해 나가기로 동의했다. 끝으로 한국 측은 중국이 제주도에 총영사관을 개설하는 데 합의했다.

경제통상 분야에서는 2015년 양국 무역액 3천억 달러의 목표 달성을 위한 공동 노력, 양국 신흥산업 간 협력 증진, 산업별 표준, 상호인증, 공동연구 등의 협력을 단계적으로 추진하기로 했다. 또한 수출입안전인증업체(AEO) 상호인정을 위한 양국 세관 당국 간 협상을 적극 추진하기로 했다.

사회 · 문화 분야에서 한중은 '한중 사회보장협정' 협상을 조속히 개시하기로 합의했다. 또한 양측은 2012년 수교 20주년 및 '한중 우호교류의 해' 기념행사를 공동 개최하고, 2012년 '한국 방문의 해'가 양국 국민 간 교류를 계속 확대하는 데 기여할 수 있도록 적극 협력하기로 했다. 이 외에도 중국 측은 한국 측이 2012년 서울 핵 안보 정상회의, 여수 세계박람회, 2014년 인천 아시안게임 및 2018년 평창 동계올림픽을 성공적으로 개최하도록 지지하기로 했다.

6. 소결 : '전략적 협력 동반자 관계' 수립

이명박 정부 출범 직후인 2008년 5월에 '전략적 협력 동반자 관계'가 수립된 이후 양국은 고위인사 교류와 접촉 활성화를 통해 정치적 신뢰를 공고히 하고, 정부 · 의회 · 국방 · 경제 · 사회 · 문화 분야에서의 대화 및 교류 강화를 통해 '전략적 협력 동반자 관계'의 내실화를 도모했던 시기였다.

경제 · 통상 분야에서 양국관계 발전은 순탄했다. 이명박 정부 출범 첫해인 2008년 한중 간 교역액은 1,638억 달러를 기록했다. 2009년의 한중 교역액은 국제사회 금융위기의 여파 속에서 전년에 비해 273억 달러 감소한 1,410억 달러에 머무르긴 했지만 2010년 양국 교역액은 전년도보다 337억 달러 증가한 1,884억 달러(중국 측 통계로는 2,000억 달러)에 이르렀다. 이어 2011년에는 2,206억 달러 그리고 이명박 정부의 마지막 해인 2012년의 한중 교역액은 2,151억 달러를 기록했다. 결과적으로 이명박 정부 시기 중국은 한국의 제1위 교역, 수출, 수입, 투자,

무역 흑자대상국의 위치를 유지했고 한국은 중국의 제3 교역대상국으로서의 위상을 유지했다.

군사·안보 분야에서는 한미동맹에 대해 한중 사이에 시각의 차이를 인식하고, 이어 2009년 북한의 2차 핵실험, 2010년 천안함 폭침과 연평도 사건을 통해 한중 간 한반도 정세의 안정과 평화의 필요성에 대해 십분 공감하면서도 해법에서는 차이가 나타났다. 또한 역내에서 미중 전략적 경쟁 구도가 점차 부상하며 중국은 원만한 대미관계를 위해 노력하는 한편, 한국과 우호 협력관계의 강화를 추구했다. 한국은 한미동맹과 한중협력을 병행 발전시킨다는 대외정책을 견지하며 국제사회에서 건설적이고 협력적인 미중관계의 회복을 위해 노력했던 시기였다.

끝으로 사회·문화 분야에서는 인적교류를 중심으로 발전을 이루었다. 1992년 수교 당시 13만 명에 불과했던 양국 간 인적교류는 2008년에는 약 500만 명에 이르렀다. 이어 2009년 양국 간 인적 교류는 2009년 약 454만 명, 2010년 약 595만 명, 2011년 약 641만 명, 그리고 2012년에는 약 690만 명으로 확대되었다. 또한 이명박 정부 시기 동안 양국 간 항공 운항 편수는 주간 837편을 상회했으며, 양국의 유학생은 각각 상대국내 전체 외국인 유학생 가운데 1위를 차지했다. 무엇보다도 중국 내 한류(韓流) 및 한국 내 한풍(漢風)이 확산되며 문화적 거리가 크게 가까워졌던 시기로 평가된다.

박근혜 정부 시기(2013~2017)의 한중 정상회담

이기현
한국외국어대 교수

박근혜 정부 시기(2013~2017)의 한중 정상회담

1. 박근혜 정부 시기 한중관계 개괄

2013년 2월 박근혜 정부 출범 이후, 한중관계는 최상의 우호적 관계라는 평가를 받으며 정치, 경제, 사회문화 다방면에 걸친 교류협력을 확대했지만, 2016년 7월 주한미군의 사드 배치 결정에 대한 의견 차이로 인해 갈등이 고조되었다.

한국 박근혜 정부와 중국 시진핑 지도부는 비슷한 시기에 출범했다. 양국 정상은 상호 취임 축하 전화를 주고받을 정도로, 역대 어느 정부 시기보다 친밀하고 우호적인 양국관계를 강조하였다. 정상 간 우호적 관계 형성 외에도 한중 의원외교협의회를 발족시키면서 의회 교류를 확대하였고, 한중 최고위급 외교전략대화, 한중 국방부 핫라인 개설 등 외교·국방 차원의 전략적 소통을 진전시켰다.

이러한 우호적 분위기는 정상외교에서도 두드러지게 나타났다. 양 정상의 국빈 방문이 상호 한 차례씩 진행되었는데, 두 번 모두 이전의 관례를 벗어나 상대국을 매우 중시하는 모습을 연출하였다. 박근혜 대통령은 한국 대통령 중 최초로 중국을 미국에 이은 두 번째 방문지로 결정하였으며, 시진핑 주석은 중국 지도자 중 최초로 북한에 앞서 한국을 국빈 방문하였다.

2013년 6월 베이징에서 개최된 정상회담에서 양 정상은 한반도 비핵화 실현과 평화·안정 유지를 위해 공동 노력하고, 높은 수준의 한중 FTA를 조속히 체결하기로 합의하였다. 시 주석은 박 대통령의 '한반도 신뢰 프로세스' 구상을 환영하며 남북한 양측의 대화와 신뢰에 기반한 관계 개선과 한반도 평화통일 실현을 지지하였다. 양 정상은 특히 양국의 전략적 협력 동반자 관계를 내실화하기 위한 협력 방안을 담은 '한중 미래비전 공동성명'을 채택하였다.

2014년 7월 서울에서 개최된 정상회담에서 양 정상은 한반도에서의 핵무기 개발에 확고히 반대한다는 입장을 재확인하고, 한중 FTA의 협상 타결 시점을 명문화하였다. 또한 2015년 9월 박 대통령은 중국의 항일전쟁과 세계 반파시스트 전쟁 승전 70주년 기념행사와 열병식에 참석하였다. 이 행사 참석을 두고 한국과 미국 조야에서 여러 논란이 제기되었지만, 당시 한중관계의 우호적 분위기를 잘 반영하는 이벤트라는 평가가 주를 이루었다.

다자무대에서도 양 정상은 여러 차례 회담을 진행하면서 상호의견을 교류하였다. G20 정상회의(상트페테르부르크, 2013년 9월), APEC 정상회의(발리, 2013년 10월), 핵안보정상회의(헤이그, 2014년 3월), APEC 정상회의(베이징, 2014년 11월) 등에서 양국 정상은 만남을 갖고 북핵 문제 해결 및 양자 간 경제협력에 대한 의견을 교환하였다. 특히 베이징 APEC 정상회의 기간 열린 정상회담에서는 한중 FTA 타결을 전 세계에 선언하기도 하였다.

한중 양국은 정책적으로도 중요한 결정을 시행하였다. 한국 정부는 2015년 3월 중국이 주도하는 아시아인프라투자은행(AIIB) 참여를 결정하였다. 한국의 AIIB 가입 결정은 중국 시진핑 지도부의 대외 경제전략인 일대일로 프로젝트에 힘을 보태는 계기가 되었으며, 낙후된 아시아 지역을 대상으로 기존 세계 금융체계와는 다른 새로운 금융 거버넌스를 구축하는데 경제 강국인 한국의 지지를 확보하게 되었다. 또한 한중 양국은 2014년 11월 한중 FTA를 정식 타결하고, 2015년 12월부터 발효시켰다. 양국의 입장과 이해 차이로 인해 지난한 협상 과정을 거쳤던 한중 FTA가 이 시기 전격적으로 타결된 배경에는 한중관계의 우호적 분위기가 있었다. 협상 결과, 한국은 중국이라는 거대시장을 제2의 내수시장으로 선점 확보하는 효과를 거두었으며, 중국은 그동안의 FTA 대상국과는 달리 경제선진국이자, 미국의 동맹국인 한국과 FTA를 성공시킴으로서 정치경제적 상징효과를 획득하였다.

이 밖에도 2013년 한국은 한국전쟁 당시 숨진 중국군의 유해를 송환하기로 결정하였다. 이는 냉전 시기 적국으로 대립했던 두 국가가 새로운 신뢰를 쌓고 명실상부하게 전략적 협력 동반자 관계를 내실화하고 있음을 대내외에 알리는 것이었다. 또한 해양갈등 문제 해결을 위해 서해 불법어업에 대한 양국 간 공동 감시를 시행했으며, 한중해양경제협정을 재개하기도 하였다. 당시 중국이 동중국해, 남중국해에서 주변국과 어업 갈등 및 어민 체포 사건 등에 대해 공세적이고 민감하게 대응한 것과는 달리 한국과 관계는 매우 유화적이었다.

그러나 이러한 우호적 분위기는 북한의 4차 핵실험 이후 한반도 내 사드(THAAD) 배치가 논의되면서 악화되었다. 사드 배치 문제가 한중 양국 간 외교적 쟁점이 된 것은 2014년 7월 시진핑 주석이 방한 시, 정상회담에서 주한미군의 사드 도입 가능성에 대한 우려를 표시하면서부터였다. 이에 대해 한국 정부는 정식요청도, 협의도, 결정된 바도 없는 '3 No' 입장을 밝혔다. 하지만, 2016년 1월 북한의 4차 핵실험은 이러한 입장에 반전을 야기하였다. 북핵 및 미사일 위협에 대응하기 위해 한국 내에서 사드 배치의 필요성이 논의되기 시작하였고, 결국 한국 정부는 주권적이고 자위적인 방어조치로 한미동맹 차원에서 주한미군 사드 배치에 대한 공식협의를 개시하고, 수개월 간의 검토 끝에 당해 7월 사드 배치 결정을 공식화하였다.

중국 외교부는 즉각 성명을 발표하여 강력한 반대를 표명했다. 이후 사드 문제에 관해 한중 양국은 치열한 공방을 주고받았으나, 결국 입장 차이를 좁히지 못하였다. 양국관계는 점차 악화되었고 그동안 우호적인 분위기 속에서 새롭게 구축해 온 다양한 전략적 소통 채널 역시 원활히 작동하지 않게 되었다. 특히 사드 배치 결정 발표 이후 언론을 중심으로 부정적 여론이 확산되면서 양국 국민감정이 악화되었고, 이어 양국 간 교역, 투자, 관광, 문화 등 각 분야의 실질 교류 협력에 악영향을 끼치게 되었다.

2. 박근혜 정부 시기 한중관계의 주요 쟁점 및 사안

1) '전략적 협력 동반자 관계'의 내실화

한중관계는 정냉경열(政冷經熱)이라는 수식어처럼 경제교류의 급속한 성장에 비해 정치외교적 관계는 전통적인 지정학, 북한문제에 대한 의견 차이 등으로 전략적 신뢰를 쌓는 데 한계를 노정하였다. 이명박 정부 시기에 한중관계는 전략적 협력 동반자 관계를 구축하였으나, 북한문제에 대한 인식 차이와 전략적 협력의 한계가 여전하였다. 이에 명실상부한 한중 전략적 협력 동반자 관계를 어떻게 구축할 것인지에 대한 고심이 있었다. 특히 양국 정상, 정부, 의회, 정당, 학계 등 다양한 주체 간 전략적 소통을 포괄적, 다층적으로 추진하여 상호 전략적 신뢰를 제고할 필요성이 대두되었다. 따라서 양국은 정상회담을 통해 한중 전략적 협력 동반자 관계의 내실화를 위한 구체적인 실천방안들을 합의하였다. 특히 외교·국방 차원의 고위급 대화채널 가동, 주요 국책연구기관 간 대화의 정례화, 사회문화 교류 차원의 인문유대 강화 등이다.

박근혜 대통령은 중국과의 전략적 신뢰를 중시하는 차원에서 중국의 전승절 기념식 및 열병식에 참가하였다. 이 행사 참석 여부를 두고 국내에서는 상당한 논란이 있었다. 특히 "미국의 대다수 동맹국이 이 행사에 참석하지 않는 상황에서 한국이 굳이 참여할 필요가 있느냐"는 반론이 제기되었다. 한국 정부는 균형외교의 시발점으로 중국과의 관계를 고려했다는 점을 강조하였다. 그러나 한중 전략적 협력 동반자 관계 내실화 조치들은 사드 사태로 인한 양국 간 갈등이 확대되면서 사실상 중단되었다. 결국 북핵 문제에 대한 인식과 이해의 차이가 한중 간 전략적 신뢰 확대의 발목을 잡고 말았다.

2) 북핵 및 사드 배치 문제

박근혜 정부는 한반도의 긴장을 완화시키고 지속가능한 평화를 구축하기 위한 한반도 신뢰프로세스 구상을 제시하였다. 이 구상은 튼튼한 안보를 바탕으로 북한 및 주변국들과의 신뢰를 형성함으로써 한반도에 평화를 정착시키며 나아가서 통일 기반을 구축하려는 정책이다. 중국 측도 한반도 신뢰프로세스 구상을 환영하였고, 남북관계개선 및 긴장 완화를 위한 한국 측의 노력을 높게 평가하였다. 특히 시진핑 지도부 출범 이후 중국 학계에서는 한중 동맹론으로 대표되는 한국 중시론이 대두되었고, 북한 김정은 정권이 집권 초기부터 미사일 발사 및 핵실험을 고집하자, 이에 대해 중국의 단호하고 강경한 대응 필요성이 제기되었다. 실제 시진핑 지도부 출범 이후 북중관계는 과거에 비해 소원해졌다. 중국은 북한의 탄도미사일 및 핵실험에 대한 유엔안보리의 대북제재 결의안에 적극적으로 찬성하였고, 이에 대한 집행을 강화시켰다. 이 기간 북중 정상 간 회담도 없었으며, 전통적인 정치 교류 행사도 중단되었다. 중국의 대북 강경 정책 분위기는 한국 정부로 하여금 북핵 문제 해결 및 한반도 통일 문제에 대한 중국의 건설적 역할 및 한중 간 협력에 대한 상당한 기대를 조성하였다. 그러나 연이은 북한의 도발로 인해 다양한 한반도 신뢰 프로세스 공약—개성공단 국제화, DMZ세계평화공원, 시베리아철도(TSR)–중국횡단철도(TCR)–한반도종단철도(TKR)의 연결 등—은 하나도 실천되지 못했고, 한중 간 협력도 당장의 대북 협상을 위한 조치보다는 강경한 대북제재로 이행되었다.

더구나 북한의 연이은 핵실험 및 미사일 도발에 대한 한국의 대응책인 주한미군의 사드 배치 결정은 한중 간 안보 이해에 대한 인식 차이를 좁히지 못하고 결국 한중관계를 악화시키는 결과를 초래하고 말았다. 한국은 북핵 미사일 위협이 고도화되는 가운데 자위적 조치로 사드 배치가 불가피하다는 입장을 피력하였고, 사드는 북핵 및 미사일 위협만을 겨냥하는 것이지 중국을 겨냥하지 않는다고 강조하였다. 그러나 중국은 사드체계가 사실상 중국을 견제하기 위한 미국의 미사일 방어 체계로 운용될 가능성을 우려하였고, 사드 배치 자체가 동아시아의 평화 구축에 도움이 되지 않는다고 주장하였다. 대립되는 의견 차이는 결국 외교 차원의 상호 설전을 넘어 경제 갈등으로까지 이어졌다. 사드 부지를 제공한 한국의 롯데 기업의 중국 내 전 사업장에 대한 세무조사 등이 강화되었고, 중국 내 여행사에서 한국 상품이 사라지는 등 한중 관광교류가 대폭 감소하였다. 또한 문화 관련 교류 중단 조치 등이 연이어 이어졌다. 이에 대해 한국 정부는 중국 정부를 향해 소위 '한한령(限韓令)'을 중단할 것을 요구하였지만, 중국은 "한한령은 중국 정부 차원의 행위가 아니라 중국 국민 정서가 반영된 현상일 뿐이며 한국이 조속히 사드 배치를 철회하기 바란다"는 입장을 취했다. 박근혜 정부 시기 사드 배치 문제로 야기된 한중 갈등은 이후 민간 영역까지 확대되면서 양국 간 국민 정서 악화에도 영향을 끼쳤다.

3) 한중 FTA 타결

한중 FTA에 대한 공동연구는 2004년부터 시작되었으나, 상당기간 실질적 진척이 없었다. 2014년 한중 FTA가 전격 타결되기 전까지 수차례의 민간 및 산관학 차원의 공동연구가 진행되었고, 한중 정부 간 수차례의 실무협의 및 협상이 개최되었다. 시간 지연의 원인은 한중 양국이 자국의 경제적 상황을 감안하여 자국에 최적인 FTA 방식을 선호하였기 때문이다. 한국에서는 중국과의 FTA가 중국의 거대한 내수시장을 선점하여 한국경제의 새로운 활력소이자 미래성장 동력을 기반을 조성할 수 있다는 낙관론도 있었지만, 거대한 중국 경제에 종속되지 않을까 하는 우려도 동시에 존재하였다. 특히 협상 과정에서는 제조업 품목의 관세 인하와 쌀을 비롯한 농수산품 보호 문제에 관심이 집중되었다. 한편 중국은 경제선진국이자 미국의 동맹국인 한국과의 FTA가 가지는 정치경제적 상징성을 중시하고 있었다. 당시 미국 오바마 행정부는 환태평양 경제동반자협정(TTP)을 확대하려 하였고, TPP에 일본에 이어 한국마저 가입을 해버리면 중국의 경제적 영향력이 축소될 것을 우려하였다. 중국에게 있어 한중 FTA 타결은 당시 대만 민진당의 반대로 지지부진하던 ECFA의 활성화, 나아가 한중일 FTA 확대로까지 이어질 수 있는 다목적 레버리지 활용 가능성도 있었다.

이러한 상황 속에서 2013년 6월 베이징에 열린 한중 정상회담에서 양 정상은 한중 FTA의 중요성을 확인하고, 2014년 7월 서울에서 개최된 정상회담에서 연말 전에 협상이 타결되도록 노력하자는 목표를 제시함으로써 한중 FTA 협상 타결을 독촉하였다. 이러한 양국 정상의 적극적인 분위기 속에서 양국 협상팀은 2014년 11월 베이징에서 개최된 APEC 회의에서 한중 FTA를 전격적으로 타결시켰다.

4) 아시아인프라투자은행(AIIB) 가입

아시아인프라투자은행(AIIB)은 중국 시진핑 주석이 2013년 제시한 국제 금융기구로 아태지역의 대규모 인프라 투자를 위한 은행이다. 2015년 말 정식 출범하였다. 중국은 기존의 IMF, 세계은행, ADB 등 국제 금융기구가 미국, 유럽, 일본 등의 이익을 우선시하며, 투자의 조건이 까다롭고, 내정간섭의 소지가 많다고 비판하면서 새로운 아시아 지역 금융기구의 필요성을 역설하였다. 그러다 보니 AIIB는 기존 미국 주도의 금융질서에 대한 도전으로 평가되었고, 미국 및 서구 선진국을 중심으로 중국 주도의 새로운 금융기구에 대한 우려가 확산되었다. 이러한 분위기 속에서 한국은 AIIB 가입 문제와 관련 2015년 초까지 공식적으로 미결정 입장을 고수하였다. 아시아 각국의 개발계획에 우선적으로 참여할 수 있는 기회의 측면도 있었지만, 다른 한편으로는 미국 및 서구국가들의 우려에 대한 고민도 함께 있었다.

당시 마크 리퍼트 주한미국대사는 한국에 불참을 권유했으나, 시 주석이 직접 2014년 방한 시 한국의 참여를 요청했다. 정상회담 외에도 외교장관, 총리급, 실무자간 접촉에서 중국은 한국의 AIIB 가입의 중요성을 강조하였다. 중국은 한국이 경제 대국이며, 인프라 및 건설·기술·자금·경험에서 우위를 가지고 많은 역할을 했던 국가이므로 AIIB 창립 회원국으로 참가하기를 희망한다는 의사를 표명하였다. 이에 대해 한국은 AIIB 가입 문제를 적극 검토하고, 2015년 3월 참여를 결정하였다. 이로써 양국은 지역 및 국제사회 발전을 위한 새로운 금융협력의 시대를 열게 되었다.

5) 해양경계와 방공식별구역 문제

박근혜 정부 시기에도 서해 불법 조업 문제는 지속적으로 발생하였다. 특히 중국 어선들이 한국의 배타적 경제수역(EEZ)지역으로 넘어와 조업하고, 이를 감시하는 한국 해경과의 무력 충돌 등이 벌어지기도 했다. 이에 한중 양국은 한중협력 체계 강화 필요성을 공감했고, 2014년부터 한중 잠정조치 수역에서 양국 지도선이 공동으로 감시하는 방안에 대한 합의를 도출하였다. 또 중국어선이 한국의 EEZ구역으로 진출입할 때 불법 어획물 여부 검사 강화 등 다양한 감시 협력 체계를 구축하기로 하였다. 더 나아가 양국 간 해양 경계 획정문제가 지속적으로 제기되었는데, 양국관계의 장기적 및 안정적 발전과 해양 협력을 추진하기 위해 이 문제가 중요하다는 점을 상호 재확인하고, 2015년 한중 간 해양경계획정 협상을 시작하였다.

해양경계와 관련 문제 외에 방공식별구역 문제도 쟁점이었다. 2013년 11월 중국은 동중국해 방공식별구역(CADIZ)을 발표하였는데, 그 구역에 한국의 제주도 남쪽 하늘 KADIZ와 중첩되고, 이어도까지 포함되었다. 이에 제3차 한중 국방차관 전략대화에서 한국 측은 CADIZ 조정을 요구했지만, 중국 측은 이를 수용하지 않겠다는 입장을 밝혀 논란이 되었다. 동년 12월 한국은 기존 방공식별구역(KADIZ) 확대안을 발표하였다. 확대안에는 기존 구역에 포함되지 않았던 이어도와 마라도를 포함해 거제도 남쪽 무인도인 홍도까지 포함됐다. 물론 방공식별구역은 국제법으로 규정된 개념이 아니며 이를 인정하는 국가 간에도 통보가 일상적으로 이루어지지 않거나 절차가 존재하지 않는 경우가 많다. 그러나 양국 간 방공식별구역이 중첩되고 심지어 일본과도 중첩되는 지역이 많아 역내 긴장이 조성될 때 공통 방공식별구역의 진입 문제로 인해 언제든 분쟁의 불씨가 확대될 가능성을 배제할 수 없게 되었다.

3. 박근혜 정부 시기 개최된 정상회담 (1) : 2013년 6월 베이징 회담

1) 정상회담 개요

박근혜 대통령은 시진핑 주석의 초청으로 2013년 6월 27일부터 30일까지 중국을 국빈 방문하고, 한중 정상회담을 개최하였다. 박 대통령은 이 정상회담을 심신지려(心信之旅, 새로운 20년을 향한 신뢰의 여정), 즉 마음과 믿음을 쌓으며 새로운 20년의 미래비전을 공유하는 여정의 첫걸음으로 요약하였다. 한편 시 주석은 "박 대통령은 중국 인민들의 오랜 친구(老朋友)로 이번 중국 방문이 아름답고 깊은 인상을 남기길 희망한다"고 밝히면서 상호 신뢰의 메시지를 보냈다. 이러한 우의의 분위기는 정상회담 기간에도 이어졌다. 특히 시 주석은 정상회담에 이어 예정에 없던 오찬 회동을 별도로 개최하는 등 박 대통령에 대한 파격 예우를 보여주었다. 박 대통령도 시 주석의 모교인 칭화대를 방문하여 중국어 연설을 함으로써 시 주석에 대한 배려와 함께 중국 국민들과의 신뢰를 쌓으려는 모습을 보여주었다.

정상회담에서는 상호 신뢰 형성을 바탕으로 한 양국관계의 미래 발전 방향과 비전이 논의되었으며, 기존 한중 전략적 협력 동반자 관계를

박근혜 대통령이 한중 정상회담에서 시진핑 주석과 회담하고 있다. (2013년 6월 27일 베이징)
출처: 국가기록원

신뢰에 기반하여 내실화하기로 결정하고, 구체적인 실천 방안이 합의되었다.

2) 정상회담의 주요 의제

2013년 한중 정상회담의 주요 의제는 다음과 같다. 첫째, 한중 전략적 협력 동반자 관계라는 양국관계의 규정을 포함한 양국관계의 발전 방향과 원칙 설정이다. 그동안 한중관계는 정냉경열이라는 표현이 잘 말해주듯 양국 경제교류의 성과는 많았지만, 정치적 관계의 발전에는 제약이 많았다. 특히 이명박 정부 시기 양국관계를 전략적 협력 동반자 관계로 승격시켰음에도 불구하고, 양국이 전략적 인식을 같이하는 데 한계를 노정하였다. 이에 이번 정상회담에서는 기존의 양국관계 중 특히 전략적 신뢰 관계를 어떻게 발전시킬지에 대한 관심이 집중되었다.

둘째, 한반도 및 지역의 평화안정에 대한 양국 협력 문제이다. 박근혜 정부는 출범과 함께 대북 및 통일정책으로 한반도 신뢰프로세스를 발표하였다. 이는 튼튼한 안보를 바탕으로 남북 간 신뢰를 형성함으로써 남북관계를 발전시키고 한반도에 평화를 정착시키며 나아가서 통일 기반을 구축하려는 정책이다. 한국 측에서는 이 정책에 대한 중국의 지지와 북핵 문제 해결에 있어 한중 간 진일보한 협력 및 공조 방안이 논의되기를 희망하였다. 중국 측에서는 지역협력 차원에서 한중일 3국 협력 확대를 위한 양국 협력 방안 및 RCEP과 같은 지역경제협력에 대한 관심사가 있었다.

셋째, 양국 간의 주요 현안에 대한 문제해결도 중요하였다. 특히 한중 FTA 문제는 양측 모두에게 매우 중요한 관심사였다. 양국 경제협력 관계의 질적 전환의 바로미터로 기능할 것이고, 상호 입장 차이로 인해 한동안 협상이 지지부진했기 때문에 이번 정상회담에서 어떤 결과가 나올지 귀추가 주목되었다. 서해에서의 불법조업 갈등도 지속되고 있었기 때문에 이에 대해 양 정상이 어떠한 해법을 낼지 역시 주요 관심사였다.

이 밖에도 당시 글로벌 금융시장의 불확실성 확대에 대비하기 위해 양자 간 통화 스왑의 연기 문제도 논의 대상이었다.

3) 정상회담의 성과

양국 정상 간의 우호적 분위기는 한중 정상회담에서도 다양한 성과를 산출하였다.

첫째, 한중 전략적 협력 동반자 관계의 내실화이다. 양국 정상은 기존의 한중 전략적 협력 동반자 관계를 바탕으로 전략적 신뢰와 소통을 더욱 강화하기로 하였다. 이를 위해 양 정상은 양국 지도자 간 소통,

정부·의회·정당·학계 등 다양한 주체 간의 전략적 소통을 포괄적·다층적으로 추진할 것을 합의하였다. 구체적으로 ▲청와대 국가안보실장과 중국의 외교담당 국무위원 간 대화, ▲한중 외교안보대화, ▲한중 정당 간 정책대화, ▲한중 국책연구소 간 합동전략대화 등 4개의 전략대화 채널 신설, 외교차관 전략대화의 연 2회 정례화 등이다.

둘째, 한중경제협력의 확대이다. 특히 한중 FTA의 조속한 타결을 목표로 제시함으로써 한중 경제관계의 보다 업그레이드된 미래 방향을 재확인하였다. 양 정상은 실질적인 자유화와 폭넓은 범위를 포괄하는, 높은 수준의 포괄적인 한·중 자유무역협정(FTA) 체결을 목표로 한다는 점을 공유하였다. 양국은 그동안 FTA의 협상 조건을 두고 상호 입장 차이를 좁히지 못하고 있었는데, 양국 경제관계의 미래 발전 및 새로운 성장동력 조성을 위해 한중 FTA 협상 진전이 중요함을 인식하고 상호 노력해 가기로 했다는 점을 공표함으로써 향후 한중 FTA 타결의 긍정적 신호를 제시한 것이다.

셋째, 인문유대의 강화이다. 한중 간 인적교류 및 사회문화 교류는 가까운 거리와 문화적 유사성으로 수교 이후 엄청난 발전을 거듭해 왔다. 교류의 지속적인 확대는 향후 양국관계의 상호이해와 신뢰를 제고하고 안정적인 발전의 주요기반이 된다는 점을 양국 모두 공감하고 있었다. 이에 양 정상은 양국 국민 간 다양한 형태의 교류를 촉진하고, 특히 학술, 청소년, 지방, 전통예능 등 다양한 인문분야 교류를 적극적으로 추진할 것을 합의하였다.

당시 한중 간 주요 현안이었던 해양 경계획정 및 불법어업으로 인한 갈등 문제도 정상회담을 통해 해법이 제시되었다. 양 정상은 양국 관계의 장기적 및 안정적 발전과 해양협력을 추진하기 위해 해양경계 획정 협상을 조속히 가동하고, 어업자원 보호와 조업질서 강화를 위한 소통 및 협조체계를 강화하며, 특히 유관기관 간 공동단속을 진행하기로 하였다.

한국의 최대 관심사인 북핵문제와 관련해서는 명확한 한중 간 구체적인 공조 방안이 명시되지는 않았지만, 중국 측은 박근혜 정부가 주창한 한반도 신뢰프로세스에 대한 지지 입장을 표명하였다. 동시에 한국의 북한 핵실험에 대한 우려와 북핵불용의 원칙에 대해서 핵무기 개발이 한반도를 포함한 동북아 및 세계의 평화와 안정에 대한 심각한 위협이 된다는 점에 인식을 같이하였다. 또한 양측은 한반도 비핵화 실현이 양국의 공공이익에 부합함을 확인하고, 안보리 결의의 성실한 이행, 6자회담 재개 등 비핵화를 위한 노력을 함께 하기로 하였다. 한편, 중국의 관심사인 대만문제와 관련해서 한국은 중국의 '하나의 중국' 원칙에 대한 존중을 표시하였다.

이 밖에도 양국은 정상회담을 계기로 한중 경제협력을 질적으로 향상시킬 수 있는 정부 간 협정 1건과 약정 7건 등의 합의서를 교환하였다. 합의서에는 양국이 상생적 선순환 경제협력 구조를 발전시켜, 지역의 경제적 잠재력을 확대하는데 선도적 역할을 한다는 공유된 비전이 담겼다. 이 과정에서 양국은 기존의 무역과 투자 중심의 협력을 넘어 미래지향적인 첨단기술, 정보통신, 에너지, 환경, 금융 등 다양한 분야의 협력을 확대하기로 합의하였다. 특히 당시 불확실성이 대두되던 한중 통화스왑도 3년 연장되면서 양국 금융협력의 상호신뢰를 한층 제고하였다.

이처럼 박근혜 정부 시기 첫 번째 한중 정상회담은 양국의 신뢰 및 우의를 제고하고, 양국관계의 미래비전을 공유하는 것이었다. 이를 실현하기 위해 안보, 경제, 그리고 사회 전 분야에 걸쳐 전략적 협력 동반자 관계를 내실화하는 방안들이 제시된 것이다.

4. 박근혜 정부 시기 개최된 정상회담 (2) : 2014년 7월 서울 회담

1) 정상회담 개요

시진핑 주석은 박근혜 대통령의 초청으로 2014년 7월 3일부터 4일까지 한국을 국빈 방문하여 한중 정상회담을 개최하였다. 시 주석의 방한은 2013년 박 대통령의 방중에 대한 답방이었으며, 시 주석 취임 이래 최초의 특정국가 단독방문이라는 점, 북한과 일본에 앞선 방문이었다는 점에서 당시 부쩍 가까워진 한중관계를 잘 나타낸다는 평가가 있었다. 양 정상은 2013년 박 대통령의 중국 국빈 방문에 따른 한중 정상회담, 주요 20개국 정상회의(G20)와 아시아태평양경제협력체(APEC) 정상회의, 그리고 2014년 3월 핵안보정상회의에서 정상회담을 가지고 이

박근혜 대통령이 청와대 대정원에서 열린 중국 국가주석 방한 공식 환영식에서 시진핑 주석과 함께 의장대를 사열하고 있다. (2014년 7월 3일 서울)
출처: 국가기록원

미 양국관계의 상호 신뢰와 우의를 여러 차례 보여준 바가 있었다. 이번 정상회담에서도 양 정상의 특별한 우의가 잘 나타났다. 박근혜 대통령은 정상회담에서 중국어를 사용하고 중국인이 선호하는 빨간색 재킷을 입는 등 곳곳에서 시 주석을 배려하는 모습을 보여주었다. 시 주석은 "중국에서 '먼 친척이 가까운 이웃만 못하다'는 말이 있듯이 한국에도 '이웃사촌'이라는 말이 있다"며 "양국은 서로에게 중요한 이웃나라이고 서로에게 좋은 동반자와 좋은 친구"라는 표현을 쓰며, 한중관계가 좋은 친구관계임을 강조하였다. 또한 박 대통령은 시 주석의 방한 둘째 날 공식 의전 계획에 없는 특별오찬을 하고 한중 경제통상협력 포럼에도 함께 참석하는 등 파격적인 예우를 하였다. 정상회담에서는 2013년 6월 한중 미래비전 공동성명이 제시한 양국관계 발전의 청사진에 따라 지난 1년여간 진행된 합의사항을 점검하고, 한중 전략적 협력 동반자 관계 내실화 목표의 완성을 위한 노력을 재확인하며, 추가적인 발전 방향 등을 논의하였다.

2) 정상회담의 주요 의제

2014년 한중 정상회담의 주요의제는 2013년 한중 정상회담의 연장선상에서 양국 간 핵심 관심사에 대한 상호검토와 지난 회담에서 논의된 다양한 쟁점에 대한 추가 논의 그리고 합의사항에 대한 구체적 이행에 대한 점검 등이었다. 첫째, 한중 전략적 협력 동반자 관계의 내실화 방안을 어떻게 구체화할지에 대한 문제가 있었다. 지난 회담에서는 정치안보, 경제, 사회문화의 다양한 층차와 차원의 전략적 신뢰와 소통 기제가 마련되었다. 자연히 이번 회담에서는 이러한 기제를 어떻게 정례화, 체계화할지에 대한 합의가 중요해졌다.

둘째, 한중 FTA를 포함한 경제협력 확대 문제이다. 지난 회담에서 한중 FTA 협상의 조속한 마무리의 필요성을 양 정상이 공감했기 때문에, 이번 회담에서는 한중 FTA 협상이 어떻게 급물살을 탈지가 가장 큰 화두였다. 한중 FTA 시장 개막의 구체화 여부와 함께 원-위안화 직거래 시장 개설 여부 등 한중 간 금융 인프라 구축도 어떻게 진행할지 관심사였다. 지역협력 문제와 관련해서는 중국이 새롭게 주창한 아시아 인프라투자은행(AIIB)에 대한 한국 참여 요청이 관건이었다. AIIB는 세계은행이나 아시아개발은행 등 미국이 주도하는 현 질서에 도전한다는 평가가 있어서, 이 은행 설립과 관련한 한중 간 협력 문제가 정치외교적 논란이 되고 있었기 때문이다.

셋째, 한반도 비핵화 문제이다. 지난 회담에서 박근혜 정부의 한반도 신뢰 프로세스 정책에 대한 중국 측의 지지 입장을 확인했으나, 북한의 핵실험 및 미사일 도발에 대한 우려가 확대되면서 한국 측에서는 진일보한 중국과의 대북 공조에 대한 기대가 있었다. 즉 북핵 불용의 확고한 원칙 아래 북한 비핵화의 실질적 진전과 핵능력 고도화 차단을 확보할 수 있는 의미있고 실질적인 대화 재개 방안에 대한 협력이 필요한 상황이었다. 또한 시 주석이 정상회담에서 논란이 되고 있는 사드와 미국의 MD 체계 관련 문제에 대한 언급을 통해 한국 측에 모종의 메시지를 줄 것인지도 관심사였다.

이 밖에도 집단자위권 행사를 위한 일본의 헌법해석 변경 등 일본의 우경화 이슈에 대한 한중 간 논의도 관심 의제였다. 한국과 중국 모두 일본의 역사 수정주의와 우경화 추세가 지역의 평화와 안정에 도움이 되지 않으며, 주변국들로부터 신뢰를 얻을 수 없다는 것에 인식을 같이 하고 있었기 때문에 이 문제에 대한 한중 간 공동의 협력 혹은 메시지가 나올 것인지 여부도 중요하였다.

3) 정상회담의 성과

이 정상회담에서도 다양한 성과들이 있었다. 공동성명에서 양국은 한중관계의 미래를 상호 신뢰를 바탕으로 공동의 관심사 및 중·장기 문제를 수시로 긴밀하게 논의하고, 창조와 혁신을 통해 미래지향의 전략적 경제통상 및 산업협력을 확대하며, 국민이 체감하는 인적·문화적 쌍방향 교류를 통해 양 국민 간 정서 유대감을 심화시키는 방향으로 발전시켜 나가기로 합의하였다. 이를 이행할 계획으로 첫째, 양국관계의 전략적 신뢰와 소통을 강화하기 위한 기존 합의의 구체화 및 업그레이드를 들었다. 구체적으로는 ▲한국의 국가안보실장과 중국 외교담당 국무위원 간 외교안보 고위전략대화의 정례화, ▲양국 외교장관 간 연례적인 교환 방문, ▲1.5 트랙 대화체제 설치 및 한중 청년 지도자 포럼 정례화 등이다. 또한 2015년에 해양경계획정 협상을 가동하기로 결정하였다.

둘째, 한중 FTA 협상의 조속한 타결 노력 강화 등 미래지향의 호혜협력 확대이다. 특히 2014년 연말까지라는 협상 타결 시한을 제시함으로써 한중 FTA 타결에 대한 양국 정상의 의지를 표명했다는 점에서 의미가 있었고, 실제 당해 11월 베이징 APEC 정상회의에서 열린 한중 정상회담에서 한중 FTA 타결이 선언되었다. 또한, 원-위안화 직거래 시장 개설 등을 통한 양국 간 금융 인프라 구축이 합의되었으며, 미래지향의 호혜협력 확대를 위한 미세먼지 등 대기오염 감축, 긴급구호·지원, 원전 안전 등에서 협력을 강화하고 기후변화 대응 및 해양 분야의 협력을 확대·심화하기로 하였다.

셋째, 양국 간 상호 신뢰 확대의 기반이 되는 인적 문화 교류 활성화를 위한 기반 구축이다. ▲영사협정 체결을 통한 양국 국민의 안전과 권익 보호, ▲2015년, 2016년 각각 중국관광의 해, 한국관광의 해로 지정하여 양국 관광교류 확대, ▲19개 항목의 '인문유대 세부사업' 공동 추진과 지방·교육·청소년 분야의 교류·협력 강화 등이다.

넷째, 북한 비핵화 문제와 관련해서는 과거에 비해 진일보한 내용이 공동성명에 추가되었다. 북한의 핵무기 개발에 반대하는 입장과 6자회담 재개를 위한 조건 마련의 필요성이 강조된 것이다. 공동성명에 "양측은 한반도에서의 핵무기 개발에 확고히 반대한다는 입장을 재확인하고"라는 문구가 포함되며, 지난 성명에 비해 좀 더 북핵에 대한 반대 입장을 강화했다. 당시 김정은 정권 출범 이후 진행된 북핵 및 미사일 도발에 대한 양측의 우려를 잘 담고 있다고 할 수 있다. 또한 지난 공동성명의 "6자회담 재개를 위한 여건 조성"이라는 표현과 달리 이번 성명에는 "조건 마련"라는 표현으로 대체해 북핵 해결을 위한 방법론을 보다 구체화했다고 평할 수 있다.

이 밖에도 중국 측은 이번 정상회담에서 한중 FTA의 중요성을 강조하고, 한국이 중국이 새롭게 구상하는 AIIB에 대한 한국의 관심과 지지를 요청하였다. 시 주석은 "한국은 인프라와 관련, 건설·기술·자금·경험에서 우위를 갖고 있으므로 AIIB 창립 회원국으로 참가하기를 희망한다"는 의사를 표명했으며, 이에 박 대통령은 "중국의 AIIB 설립 구상이 역내 경제 개발과 성장을 촉진한다는 점에서 시의적절한 시도로 생각하며 이를 위한 중국의 노력을 평가한다"고 답했다. 당시 AIIB 출범과 관련하여 여러 쟁점과 논란이 존재하는 상황이어서 당시 정상회담에서는 시 주석의 요청과 한국 측의 추후 검토 정도로 이 문제가 일단락된 것으로 평가된다. 대신 한국 측은 중국의 지역경제협력을 위한 노력을 높게 평가하였고, 공동성명에 중국이 곧 개최할 제22차 아시아태평양경제협력체(APEC) 정상회의에 대한 한국의 지지를 표명하였다.

5. 소결 : 최상의 우호관계 지향과 사드 이후 노정된 한계

박근혜 정부 시기 정상회담을 통해 본 한중관계는 역대 어느 정부보다 최상의 우호관계를 추구한 것으로 평가할 수 있다. 그 어느 역대 정부보다 양자 및 다자무대에서 박근혜 대통령과 시진핑 주석은 많은 만남을 성사시켰고, 서로를 신뢰하고 배려하는 우의의 모습을 보여주었다. 한중 전략적 협력 동반자 관계를 내실화하기 위한 다양한 전략 소통 기제가 마련되고 정례화하려는 시도가 있었던 것도 고무적이었다. 의견 차이가 있더라도 서로가 계속 만나 대화를 나누어야 한다는 점을 양국이 실질적으로 인식한 결과라고 할 수 있다. 경제관계의 질적 변화도 주목할 만한 성과이다. 한중 FTA의 타결이 가장 대표적이다. 오랜 기간 협상을 진행했음에도 의견 차이를 좁히지 못했는데, 양국 정상이 한중 FTA를 통해 한중경제관계를 가일층 발전시키려는 열망이 정상회담 과정에서 잘 드러났고, 이러한 적극성이 한중 FTA의 극적 타결이라는 성과로 다가왔다. 당시 한중 간 주요 현안이었던 해양 경계획정과 불법어업으로 인한 갈등 문제도 정상회담을 통해 해법이 제시되었다. 다만 아쉽게도 북핵 문제 해결을 위한 한중 간의 새로운 공조 방안을 도출하지는 못했다. 그러나 박근혜 정부의 한반도 신뢰 프로세스에 대해 중국이 지지를 보냈고, 한반도 핵무기 개발에 대한 확고한 반대, 그리고 6자회담의 재개에 대한 구체적인 노력 등이 공동성명에서 표현됨으로써 북핵 해결을 위한 한중 상호 노력의 인식을 같이 했다는 의미가 있었다. 이 밖에도 당시 여러 논란을 야기하였던 박 대통령의 중국 전승절 기념 행사 참석, AIIB 출범, 중국군 유해 송환 등도 당시 한중 양국이 전략적 신뢰를 쌓으려는 노력을 했음을 방증하는 좋은 사례이다.

그러나 이러한 양국관계의 최상의 우호적 분위기는 북한의 4차 핵실험 이후 한반도 내 사드 배치가 논의되면서 점차 경색되었다. 이후 이어진 정치외교적 갈등은 양국의 경제, 사회, 문화 전반에 악영향을 끼쳤고, 정상회담을 통해 이루어 낸 다양한 합의사항 특히 전략적 소통 확대 조치들이 사실상 무산되는 한계를 드러냈다.

문재인 정부 시기(2017~2022)의 한중 정상회담

장영희

성균중국연구소 연구교수

문재인 정부 시기(2017~2022)의 한중 정상회담

1. 문재인 정부 시기 한중관계 개괄

문재인 정부 시기 한중관계는 2016년 사드 배치를 둘러싸고 빚어진 갈등을 해소하고 긴밀한 관계를 회복하는 것이 급선무였다. 한중관계는 사드 배치 이전과 이후로 갈린다고 해도 좋을 정도로 큰 변화를 맞았다. 또 이 시기에는 무역분쟁으로 시작된 미중 전략경쟁이 본격화되며 동북아 지역에 지정학적 복잡성이 심화되었고, '안미경중(安美經中)'과 같은 담론으로는 관계성을 규정할 수 없는 복잡성이 증가하여 한중관계 설정의 어려움이 가중되던 때이기도 했다. 이러한 배경 속에서 문재인 대통령은 취임 후 반년 만에 중국을 방문했고 양국 정상은 그간의 오해를 풀고 더욱 단단해진 외교관계 발전을 위해 정상회담을 가졌다.

한중 정상은 2017년 7월 독일에서 열린 주요 20개국(G20) 정상회의와 같은 해 11월 베트남에서 열린 아시아태평양경제협력체(APEC) 정상회의에서 이미 만남을 가진 바 있었다. 첫 번째 만남인 2017년 7월 6일 베를린에서 열린 주요 20개국 정상회의에서 문재인 대통령과 시진핑 주석은 한중 관계 및 한반도 정세를 중심으로 상호 관심사에 대해 심도 있는 의견을 교환했다. 그리고 정상 교류를 포함한 여러 수준에서의 상호 방문과 대화를 지속하자는 의견을 나누었다. 두 번째 만남인 2017년 11월 11일 베트남에서 열린 APEC 정상회담에서는 문재인 대통령의 중국 국빈 방문이 결정되었다. 그리고 앞서 10월 31일에는 양국 당국 간에 양국 관계 개선 방안에 대한 발표가 있었고 발표 내용에 대한 긍정적인 평가가 있었다. 한중 정상 간의 세 번째 만남은 문재인 대통령의 베이징 국빈 방문 기간에 이뤄졌다. 이 양국 정상회담에서는 한반도 평화와 안정을 위한 4대 원칙(한반도 전쟁 절대 불가, 한반도 비핵화 원칙의 확고한 견지, 북한의 비핵화를 포함한 모든 문제의 대화 및 협상을 통한 평화적 해결, 남북 관계 개선을 통한 한반도 문제 해결)에 합의하고 경제협력을 강화하기로 합의했다. 또한 중단된 경제협력 사업을 재개하고 한중 FTA 투자·서비스 협상을 개시하는 등의 의견을 교환했다.

2. 문재인 정부 시기 개최된 정상회담 : 2017년 12월 베이징 회담

1) 정상회담 개요

문재인 대통령은 2017년 12월 13일부터 16일까지 중국을 국빈 방문했으며 12월 14일 시진핑 중국 국가주석과 정상회담을 가졌다. 이 정상회담은 문재인 정부 기간 유일하게 이뤄진 국빈 방문을 통한 정상회담이었다.

문재인 대통령 내외가
베이징에 도착한 후
환영 인파에 손을 들어
답례하고 있다.
출처: 대통령기록관

　회담 전 시진핑 주석은 인민대회당 북대청에서 문재인 대통령을 위
한 환영의식을 거행했다. 이 환영의식에는 시진핑 주석의 부인 펑리위
안(彭麗媛) 여사를 비롯해 중국공산당 정치국위원이고 중앙서기처 서
기이자 중앙판공청 주임인 딩쉐샹(丁薛祥), 중국공산당 정치국 위원이
자 국무위원인 양제츠(楊潔篪), 전국인민대표대회 상무위원회 부위원
장인 완어샹(萬鄂湘), 전국정치협상회의 부주석인 장칭리(張慶黎) 등이
참석했다. 회담 후 두 정상은 경제무역, 녹색 생태산업, 환경, 보건, 농
업, 에너지, 동계올림픽 등 분야에서의 양자 협력 문서 서명을 지켜봤
다. 회담 당일 저녁에는 양국 정상 내외가 함께 참석하여 '한중수교
25주년 기념공연'도 함께 관람했다.

이어 문재인 대통령은 12월 15일에 열린 리커창(李克强) 총리와의 회동에서 '양국관계 정상화'에 공감하고 경제 · 사회 · 체육 분야 등에서 양국이 다양한 교류 협력을 추진하기로 했다. 그리고 한중일 3국 정상회의 조기 개최를 추진하기로 했다. 문재인 대통령은 방중 기간인 13일 개최된 '한중 비즈니스 포럼'에서 한중 경제협력의 3대 원칙과 8대 협력방향을 제시했고, 16일 충칭시에서 개최된 '한중 산업협력 충칭포럼' 연설에서는 한국의 신북방정책 및 신남방정책과 중국의 일대일로를 연계하기 위한 4개 협력 방향을 제시했다.

2) 정상회담의 주요 의제 및 성과

　한중 정상회담에서는 한반도 전쟁 불가, 한반도 비핵화, 북핵 문제의 평화적 해결, 남북 관계 개선 등 한반도 평화와 안정을 위한 4대 원칙에 합의했다. 그리고 한중 협력의 다양화와 양국 정상 및 고위급 대화 채널 강화에 합의했다. 경제 분야에서는 ▲협력사업 재개, ▲한중 FTA 서비스 · 투자 후속 협상 개시, ▲새로운 분야의 협력과 4차 산업 혁명에 대비한 미래지향적 협력, ▲일대일로 건설 협력 등에서 협력을 확대하기로 했다. 그 밖에 인문교류 및 동계 올림픽에서의 협력을 강화하기로 했다.

(1) 수교 25주년 평가

　정상회담에서 양국 정상은 한중수교 25주년의 성과에 대해 평가하고, 한반도와 동북아 지역의 평화와 안보에 대한 문제, 한중 경제협력 분야에 대해 논의했다. 특히 시진핑 주석은 사드(THAAD, 고고도미사일방어체계) 문제와 관련해 기존 입장을 재천명하면서 한국의 적절한 처리를 희망했고, 문 대통령은 상호 존중 정신에 기초해 양국 관계를 조속히 발전시키는 게 중요하다고 밝혔다. 한국 측에서는 청와대 국민소통수석이 브리핑 형식으로 '한중 정상회담 결과 언론 발표문'을 발표했고, 중국은 외교부 사이트를 통해 회담의 주요 내용을 발표했다.

(2) 정부 부처 간 MOU 체결

정상회담 종료 이후 두 정상의 임석 하에 ▲한중 FTA 서비스·투자 후속협상 개시에 관한 양해각서, ▲2018년 평창 동계올림픽-2022년 베이징 동계올림픽 상호교류 및 협력에 관한 양해각서, ▲미세먼지 대응 등에 관한 2018~2022 환경협력계획 양해각서, ▲에너지 협력 양해각서, ▲친환경·생태산업 개발 분야 전략적 협력 양해각서, ▲한중 동물위생·검역 협력을 위한 양해각서, ▲보건의료 협력 양해각서 갱신 등 총 7개 협력에 관한 양해각서를 체결했다. 이외에도 한국 산업통상자원부와 중국 상무부 간에 '무역구제 협력 확대 양해각서(MOU)'와 '한중 경제무역관계 발전 강화를 위한 협력 제고 양해각서(MOU)'를 체결했다.

그리고 바이오 기술, 전자상거래, 에너지 및 신에너지 자동차 등 신흥 산업에서의 협력 및 한중 고위급 기업인 정기교류 협력 채널 구축 등 기관과 기업 간 다수의 양해각서를 체결했다. 아울러 이번 방중을 계기로 양국 기업 및 기관들은 전자상거래(1건), 에너지(3건), 금융(2건), 바이오(3건), 신에너지자동차(2건), 로봇(2건), 산업기술(2건) 등 다양한 신산업 분야와 섬유·의류(1건), 가전·기계(2건) 등 전통적 협력 분야 및 민간 대화 채널 신설을 위한 양해각서(1건)를 체결하여 경제협력 다각화를 위한 기반을 강화하는 토대를 마련했다.

(3) 문재인 대통령의 한중 경제협력 3대 원칙 및 8대 협력 방향 제시

문재인 대통령은 '한중 비즈니스 포럼' 연설에서 새로운 미래 25년을 위한 미래지향적인 한중 경제협력의 3대 원칙과 8대 협력 방향을 제시했다. 3대 원칙으로는 ▲경제협력의 제도적 기반 강화, ▲경제전략에 입각한 미래지향적 협력, ▲양국민의 우호 정서를 통한 사람 중심의 협력을 제시했다. 8대 협력방안으로는 ▲제도적 기반 구축, ▲교역 분야 다양화 및 디지털 무역에 따른 질적 성장 도모, ▲미래 신산업 협력 강화, ▲벤처 및 창업 분야 협력 확대, ▲에너지 분야 협력, ▲환경 분야 협력, ▲인프라 사업에 대한 제3국 공동 진출, ▲민간 교류 및 협력 활성화 등을 제시했다. 아울러 과거 25년 동안에는 우정과 협력의 물길을 만들었다면 미래 25년은 미래 공동 번영의 배를 띄워 나아가야 하며 양국은 함께 번영해야 할 운명공동체라고 강조했다.

(4) 중국 장가오리(張高麗) 부총리의 다섯 가지 제언

문재인 대통령의 3대 원칙과 8대 협력 방향 제안에 대해 장가오리 부총리는 한중 경제협력의 내실화를 위해 다섯 가지를 제언했다. 첫째, 양국 발전전략의 연계이다. 중국은 19차 당 대회에서 인류운명공동체 건설을 제시했는데, 한국과 중국이 동아시아 경제공동체 건설과 일대일로 분야에서 협력 필요가 있음을 강조했다. 둘째, 양국 간 실무적 협력의 질적 제고이다. 한국기업의 대중국 투자 지속적 확대와 중국 기업의 대한국 투자에 대한 지원을 요청하고 5G, 빅데이터 등 신분야에서의 협력을 확대하자고 제안했다. 셋째, 보호무역주의에 대한 공동 대응이다. 중국은 보호무역주의에 반대하고, 공평하고 공정한 경쟁 환경을 조성하기 위해 노력하고 있으며, 투자자의 합법적인 권익과 재산권을 보호하고 있다고 강조했다. 넷째, 양국의 우호적인 민의를 기초로 한 인문교류 유대 강화이다. 다섯째, 국제기구 및 역내 평화 협력의 확대이다. 한국과 중국이 아시아의 핵심 국가로서 G20, APEC, ASEAN+3, RCEP 등에서 협력을 강화하자고 제안했다.

(5) 신북방정책 및 신남방정책과 일대일로의 연계를 위한 4개 협력 방향

문재인 대통령은 12월 16일 중국 충칭에서 개최된 '한중 산업협력 및 제3국 시장 공동 진출'이라는 주제로 열린 '한중 산업협력 충칭포럼' 연설에서 한국의 신북방정책 및 신남방정책과 중국의 일대일로 구상을 연계하는 4개 협력 방향을 제시했다.

첫째, 중국과 한국, 역내 국가 간의 연결성을 강화한다. 한반도 종단철도와 시베리아 횡단철도 간 연결을 통해 중국·몽골·러시아 경제회랑과 연계함으로써 유라시아 대륙의 철도, 항공, 해상 운송망이 사통팔달을 이루게 한다. 그리고 친환경에너지 육성, 초국가 간 전력망 연계와 같은 에너지 분야의 협력을 강화하고, IT 기술을 활용한 디지털 실크로드도 구축한다.

둘째, 한중 기업 간 장점을 결합한 제3국 공동 진출을 적극 지원한

문재인 대통령이 국빈만찬장에서 시진핑 주석이 선물한 바둑판을 보고 있다. (2017년 12월 16일 베이징)
출처: 대통령기록관

다. 한국의 무역보험공사와 중국 건설은행이 양국 기업의 인프라 시장 공동 진출을 지원하기 위한 양해각서(MOU)를 체결한다. 또한 한국의 산업은행이 아시아인프라개발은행과 공동 출자하여 '신흥아시아 펀드'를 조성한 것처럼 다자개발은행과의 협력도 강화하여 양국 기업의 제3국 공동 진출을 적극 지원한다. 그리고 한중 투자협력위원회 등 협의 채널을 통해 상호 정보 교류와 금융지원 기반을 강화한다.

셋째, 한국과 중국을 비롯한 역내 국가 간의 교역과 투자 협력을 강화한다. 전자 통관·무역 시스템 도입, 통관·검역 분야에서의 국제표준을 적용하고, 중장기적으로는 역내 경제통합을 추진한다. 한중 FTA 서비스 투자 후속협상 개시, 한·중·일 FTA, 역내 포괄적 경제동반자 협정 등 역내 경제통합을 심화한다.

넷째, 충칭을 비롯한 중국 주요 지방정부와의 실질 협력을 강화한다. 한국은 중앙정부 차원에서 중국의 5개 성과 경제협력 협의체를 운영 중이며, 한국의 지방자치단체들도 중국 33개 성 및 성급시와 640여 건의 교류·협력 관계를 체결하고 있다.

3. 정상회담에 대한 중국 내 평가

중국은 문재인 대통령의 방중이 그동안 경색되었던 한중관계 개선에 큰 성과를 거둔 것으로 평가했다. 특히 리커창 총리는 "경제무역 부처 간 소통 채널이 정지된 상태임을 잘 알고 있으며, 향후 양국 경제무역 부처 간 채널을 재가동하고 소통을 강화할 수 있을 것"이라고 평가했다. 이어 "문재인 대통령의 이번 방문을 계기로 그동안 중단되었던 양국 간 협력사업이 재가동될 수 있을 것이며, 특히 잠재력이 큰 경제 무역 에너지 보건 등 양해각서를 체결했는데, 보다 중요한 것은 후속

사업의 충실한 이행이며 많은 분야에서 성과를 거두길 바란다"고 언급했다. 또 장더장(張德江) 전국인민대표대회 상무위원장은 문재인 대통령과의 면담에서 "문 대통령의 방중은 양국관계 회복에 아주 중요한 의미가 있으며, 방중 목적은 이미 달성됐다고 본다"고 평가했다.

중국 외교부는 12월 15일 정례 브리핑에서 문재인 대통령의 국빈방문이 시진핑 주석의 초청으로 이루어졌으며, 이번 정상회담을 "양국이 상호신뢰를 강화하고 상호존중의 기초하에 각 분야에서 양국관계가 더욱 발전하는 계기가 될 것"이라고 언급했다. 중국 외교부는 양국 정상이 한반도의 비핵화와 한반도 안정 방면에서 광범위한 공동의 이익을 공유하고 있으며, 상호 비슷한 입장을 가지고 있다고 언급했다. 아울러 외교적 루트를 통해 한반도 비핵화와 안정을 유지하는 것은 한반도 관련 국가의 최대공약수이며 국제사회의 보편적 기대라고 강조했다.

그리고 대부분의 중국 언론은 2017년 한중수교 25주년에 큰 의미를 부여하면서 그동안 경제협력, 문화교류, 인적교류 측면에서 많은 발전이 있었다고 평가했다. 신화사(新華社)는 "2015년 한중 FTA를 계기로 한중 간의 협력은 새로운 전환점이 마련되었고, 이번 회담을 통해 양국 지도자가 서로 관계를 중시하면서 공동 번영의 길로 나아갈 수 있는 새로운 모델을 찾아야 한다"고 강조했다. 중국경제도보(中國經濟導報)는 "문재인 대통령의 방중이 양국의 신뢰를 회복하기 위함이며, 양국이 추구하는 공동이익이 더 크다는 점을 강조하면서 앞으로 더 관계가 더 발전할 것"이라고 평가했다. 또한 문재인 정부가 양국관계 개선을 위해 시도했던 노력을 전하면서, 이번에 충칭을 방문하는 의미를 중국의 일대일로와 한국의 신북방정책을 강화해나가기 위함이라고 전했다. 사드배치는 한국 정부의 오판이라고 평가하면서 문재인 정부의 방중을 통해 지역 안보와 경제협력 문제가 점차적으로 개선되어야 한다고 보도했다. 중국에서 문재인 대통령 부부와 정부 관계자들이 아침에 서민적인 식당에 들어가서 아침식사를 했던 일화를 소개하며 중국의 이동식 결제 시스템에 대한 긍정적 평가에 대한 에피소드도 보도했다.

중국의 학계 전문가들은 문재인 대통령의 국빈 방문과 정상회담 이후의 한중관계 개선과 한중 상호 관계의 점진적인 회복을 전망했다. 중국국제문제연구원 양시위(楊希雨) 연구원은 "한중 정상의 이번 회동은 사드 문제에 대해 이견을 좁히는 새로운 토대를 마련했다"면서 향후 한중 군사 당국이 세부 협상을 할 것으로 기대했다. 랴오닝대 리자청(李家成) 교수는 "문재인 대통령의 방중으로 한중 관계가 개선되는 데 도움이 되었지만, 사드 문제는 아직 완전히 해결되지 않았다"고 평가했다. 중국사회과학원 아태및글로벌전략연구원 왕쥔성(王俊生) 부연구원은 "문재인 대통령 방중이 중요한 시기에 이뤄졌고 ▲한중관계 정상화, ▲북핵문제 해결을 위한 중국과의 소통 강화, ▲중국과 경제협력 강화 등을 위한 만남"이었다고 분석하고 "문 대통령의 충칭 방문을 통해 한국이 '일대일로'에 대해 중시하고 있음을 확인할 수 있었다"고 평가했다.

4. 소결 : 한중관계 회복의 디딤돌

문재인 대통령은 시진핑 국가주석과 정상회담에서 중국의 '일대일로(一帶一路)' 건설과 한국의 발전 전략을 연계하기로 합의했고, 리커창(李克強) 국무원 총리와 천민얼(陳敏爾) 충칭시 당 서기 등과의 회담에서 한중 경제관계 회복 및 사회문화 교류협력 재개를 위한 다양하고 구체적인 조치들을 합의했다. 또한 한중 FTA 서비스·투자 후속협상을 진행하고, 한중 경제장관회의 등 77개 국장급 이상 정부 부처 간 협의 채널을 전면 재가동하기로 했으며, 최초로 에너지 분야 정부 간 협력 채널을 신설하기로 합의했다. 이로 인해 한중 양국은 기존의 경제통상과 사회문화 및 인적교류 중심의 교류협력을 정치외교와 안보 및 지방 정부 등 분야로 확대함으로써 한중 전략적 협력 동반자 관계의 '실질적 진전'에 기여할 수 있게 되었다.

문재인 대통령의 방중과 정상회담으로 경제협력 분야에서 양국 간 현안에 대해 기본적인 합의를 도출할 수 있었다. 중국 국무원은 12월 15일 산둥성 옌타이(煙臺), 장쑤성 옌청(塩城), 광둥성 후이저우(惠州) 등 3개 지역에 한중 산업협력단지 설립에 동의한다는 내용의 '한중 산업협력단지 설립에 관한 국무원 비준(國務院關於同意設立中韓産業園的批覆)'을 발표했다. 산둥성 옌타이에는 두산인프라코어, 장쑤성 옌청에는 기아자동차 공장 3곳, 광둥성 후이저우에는 삼성전자, LG, SK 등이 진출해 있으며, 한중 FTA 체결 당시 상기 지역을 중국 내 한중 산업협력단지로 조성하기로 결정했으나 사드 배치 문제로 양국관계가 경색되면서 잠정적으로 중단된 바 있다.

중국 상무부의 가오펑(高峰) 대변인은 정례브리핑에서 "중국은 한국의 가장 큰 무역 파트너인 동시에 한국 역시 중국의 3위 무역 파트너로서 양국 경제의 보완성은 매우 강하고 협력 잠재력도 크다"고 강조했다. 양국이 발전전략을 연계하고 '일대일로' 공동 추진, 무역투자 편리화 수준 제고, 글로벌 산업 협력 추진 등의 영역에서 여러 협력 여지가 있다고 평가했다. 한중 FTA와 관련하여 한중 FTA가 지난 2015년 12월 정식 발효된 이후 양국은 3차례 관세인하 조치를 실행했으며, 전 세계적으로 보호무역주의가 확산되는 상황에서 한중 양국 간 무역협력 심화는 양국 경제발전에 적극적인 역할을 할 뿐만 아니라 양국 각 산업과 소비자들에게도 광범위하게 이익이 되었다고 평가했다. 한중 FTA 규정에 따라 2년 이내에 2차 협상을 시작하고, 네거티브 리스트 방식으로 서비스 및 투자 분야에서의 협상을 진행해갈 것이며, 현재 양국이 적극적으로 준비 중이라고 밝혔다.

부록

■ 공동성명 및 공동언론발표문 목록

□ 공동성명

1) 대한민국과 중화인민공화국 간의 외교관계 수립에 관한 공동성명
   (1992.8.24.)[1]

2) 김대중 대통령 국빈 방중 계기 한·중 공동성명(1998.11.13.)

3) 노무현 대통령 국빈 방중 계기 한·중 공동성명(2003.7.8.)

4) 후진타오 주석 국빈 방한 계기 한·중 공동성명(2005.11.17.)

5) 이명박 대통령 국빈 방중 계기 한·중 공동성명(2008.5.28.)

6) 후진타오 주석 국빈 방한 계기 한·중 공동성명(2008.8.25.)

7) 박근혜 대통령 국빈 방중 계기 한·중 미래비전 공동성명
   (2013.6.27.)

8) 시진핑 중국 주석 국빈 방한 계기 한·중 공동성명(2014.7.3.)

□ 언론발표문

9) 노태우 대통령 공식 방중 계기 한·중 공동언론발표문(1992.9.30.)

10) 이명박 대통령 국빈 방중 계기 한·중 공동언론발표문(2012.1.11.)

11) 문재인 대통령 국빈 방중 계기 한·중 정상회담 언론발표문
    (2017.12.14.)

---

[1] 정상 간 회담의 결과물은 아니지만 가장 중요한 문서로서 포함함. 노태우 대통령 공식
   방중 정상회담 관련 성명문은 공동언론발표문을 참고.

1 대한민국과 중화인민공화국 간의 외교관계 수립에 관한 공동성명

1992.8.24. 베이징

1. 대한민국 정부와 중화인민공화국 정부는 양국 국민의 이익과 염원에 부응하여 1992년 8월 24일자로 상호 승인하고 대사급 외교관계를 수립하기로 결정하였다.

2. 대한민국 정부와 중화인민공화국 정부는 유엔헌장의 원칙들과 주권 등 영토보전의 상호존중, 상호 불가침, 상호 내정불간섭, 평등과 호혜, 그리고 평화공존의 원칙에 입각하여 항구적인 선린우호협력 관계를 발전시켜 나갈 것에 합의한다.

3. 대한민국 정부는 중화인민공화국 정부를 중국의 유일 합법정부로 승인하며, 오직 하나의 중국만이 있고 대만은 중국의 일부분 이라는 중국의 입장을 존중한다.

4. 대한민국 정부와 중화인민공화국 정부는 양국 간의 수교가 한반도 정세의 완화와 안정, 그리고 아시아의 평화와 안정에 기여할 것으로 확신한다.

5. 중화인민공화국 정부는 한반도가 조기에 평화적으로 통일되는 것이 한민족의 염원임을 존중하고, 한반도가 한민족에 의해 평화적으로 통일되는 것을 지지한다.

6. 대한민국 정부와 중화인민공화국 정부는 1961년의 외교관계에 관한 비엔나 협약에 따라 각자의 수도에 상대방의 대사관 개설과 공무수행에 필요한 모든 지원을 제공하고 빠른 시일 내에 대사를 상호 교환하기로 합의한다.

1992년 8월 24일 북경

대한민국 정부를 대표하여   중화인민공화국 정부를 대표하여

2 김대중 대통령 국빈 방중 계기 한·중 공동성명

1998.11.13. 베이징

1. 대한민국의 김대중 대통령은 중화인민공화국 강택민 주석의 초청으로 1998년 11월 11일부터 15일까지 중국을 국빈 방문하여 중국정부와 국민의 정중한 환영과 따뜻한 영접을 받았다.

2. 방문기간 동안 대한민국 김대중 대통령은 중화인민공화국 강택민 주석과 우호적인 분위기 속에서 회담을 가졌다. 김대중 대통령은 중화인민공화국 전국인민대표대회 상무위원회 이붕 위원장, 주용기 국무원 총리, 호금도 국가부주석과 면담하였다. 회담과 면담을 통해 양측은 한·중 관계의 진일보한 발전과 공동으로 관심을 갖고 있는 지역 및 국제문제에 관해 심도 있게 의견을 교환하고, 광범위한 인식의 일치를 보았다.

3. 한·중 양국 정상은 수교 이래 6년여 기간 동안 양국 간 선린우호협력관계가 정치·경제·사회·문화 등 제반분야에서 주목할 만한 발전을 이루어 온 데 대해 만족을 표명하고, 이러한 발전은 양국 각자의 발전에 유리할 뿐만 아니라, 동북아를 포함한 이 지역의 안정과 번영에 기여해 왔음을 평가하였다.

양국 정상은 UN헌장의 원칙과 한·중 수교 공동성명의 정신 및 수교 이래 발전해 온 양국 간 선린우호협력관계에 기초하여, 미래를 바라보면서 21세기의 한·중 협력 동반자 관계를 구축키로 합의하였다.

4. 양측은 아시아 금융위기의 심각성을 인식하고, 양국이 금융위기 극복을 위해 정보 교류와 경제연구기관 간 협력을 강화해 나가기로 결정하였다.

한국 측은 중국의 인민폐 환율 안정과 내수확대를 통한 경제성장 유지 정책이 아시아 금융위기를 완화하는 데 크게 기여하고 있음을 높이 평가하였다.

중국 측은 앞으로도 능력범위 내에서 이러한 기여를 계속할 것임을 표명하고, 동시에 한국정부가 추진하고 있는 광범위한 경제개혁 및 금융위기 극복과 경제 회복을 위한 노력에 대해 긍정적인 평가를 하였다.

5. 중국 측은 앞으로 한반도의 평화와 안정 유지를 위해 계속 노력해 나갈 것을 재천명하고, 최근 남·북한 민간경제교류에서 얻어진 긍정적인 진전을 환영하며, 한반도 남·북 양측의 대화와 협상을 통한 한반도에서의 자주적인 평화통일 실현을 지지하고, 한반도 비핵화 공동선언의 목표가 하루 속히 실현되기를 희망하였다.

양측은 4자회담의 추진을 통해 한반도에서 항구적인 평화체제가 점진적으로 수립되기를 희망하였다.

6. 중국 측은 세계에 하나의 중국만이 있으며, 대만은 중국 영토의 불가분의 일부분임을 재천명하였다. 이에 대해 한국 측은 충분한 이해와 존중을 표시하고, 지금까지 실행해 온 하나의 중국의 입장을 견지한다고 하였다.

7. 양측은 양국 지도자, 정부의 각 부문, 의회 및 정당간의 교류를 확대, 강화해 나가기로 합의하였다.

8. 양측은 수교 이래 6년여 기간 동안 이룩해 온 양국 간 경제·무역관계의 발전을 높이 평가하고, 21세기에도 계속해서 경제·무역 협력을 확대, 심화시켜 양국의 공동 번영과 이 지역의 안정 및 발전에 기여하기로 합의하였다.

양측은 양국 간 "경제·무역 및 기술협력 공동위원회"의 수석대표를 차관급으로 격상시키기로 결정하였다.

양측은 현재 양국 간 무역의 불균형에 대해 유의하고, 이러한 무역 불균형 현상을 양국 간 무역확대를 통해 개선해 나가기 위하여 공동 노력하기로 결정하였다.

한국 측은 한·중 간 무역확대를 위한 중국의 한국 측에 대한 수출금융 제공 제의를 환영하고, 동 수출금융이 양국 간 무역확대에 도움이 되기를 희망하였으며, 중국 측은 한국정부의 조정관세 축소방침을 환영하였다.

양측은 새로운 무역상품 발굴 및 반덤핑제도 등 무역제한 조치 완화를 위해 협력을 강화해 나가기로 합의하였다.

한국 측은 중국의 방콕협정 가입을 적극적으로 지지하였고, 중국 측은 이에 대해 사의를 표시하였다.

한국 측은 양국 간 경제협력을 확대하기 위해 중국 안휘성의 2개 사업에 대한 70억 원(한화)의 대외경제협력기금(EDCF)차관 제공을 금년 중 결정하기로 하였다.

양측은 금융감독관리 부문과 금융시장 상호개방 분야에서 협력을 강화해 나가기를 희망하였다.

9. 양측은 산업, 과학기술, 정보통신, 환경, 에너지, 자원, 농업, 임업, 원자력의 평화적 이용, 사회간접자본 건설, 철도 등 부문에서 협력을 가일층 강화하는데 있어 아래와 같이 인식을 같이 하였다.

"한·중 산업협력 위원회"의 협력사업을 지속적이고 적극적으로 추진하여 21세기 양국 간 산업협력 관계를 더욱 많은 성과를 거둘 수 있는 새로운 단계로 발전시켜 나가기로 하였다.

양측은 "한·중 과학기술협력에 관한 협정"에 따라 양국정부 및 민간의 과학기술협력을 지속적으로 강화해 나가기로 하였다.

최근 홍수, 가뭄, 지진 등 자연재해가 양국에 막대한 피해를 주고 있음을 감안하여 양측은 상술한 부문에서의 정보교류 및 조기예보, 연구조사 등 분야에서의 협력을 강화해 나가기로 결정하였다.

양측은 기초과학 부문에서의 교류를 강화하고, 동시에 첨단 기술의 산업화분야에서의 협력을 적극 촉진해 나가기로 결정하였다.

정보화시대를 맞이하여 양측은 초고속 정보통신망 및 전자상거래 등 국가 정보화 부문에서 협력을 강화하고, 첨단 통신 기술 연구개발 분야에서의 협력을 지속적으로 추진해 나가기로 결정하였다.

양측은 "한·중 환경협력협정"에 기초하여 양국정부간 환경 보호 및 환경산업 협력을 강화하고, 양국이 관심을 가지고 있는 황사 및 산성비 등 환경오염, 황해환경보호 등 문제에 대하여 정부 간 공동조사 연구를 강화해 나가고, 동북아지역 협력 활동에 적극 참여하기로 결정하였다. 양측은 황해 환경보호를 위해 양국 유조선 사고 발생 시 해상오염 예방을 위해 공동 협력하기로 합의하였다.

양측은 에너지, 자원 등 부문의 공동개발 이용 분야에서 협력을 확대해 나가기로 합의하였다.

한국 측은 1999년 곤명 세계원예박람회 참가를 결정하고, 중국 측은 이를 환영하였다. 양측은 이를 계기로 원예부문에서 교류와 협력을 강화해 나가기로 합의하였다.

양측은 한·중 시범농장을 공동으로 건립하고 농작물 병충해 방지에 대하여 공동연구를 추진해 나가기로 결정하였다.

양측은 삼림이 자연생태계에서 차지하는 중요성과 삼림의 유지와 합리적 이용이 생태환경 개선, 나아가 인류생존 환경에 매우 중요한 역할을 한다는 것을 인식하고, "한·중 간 임업협력 약정"에 기초하여 산림녹화, 토사유실 방지 등 분야에서 임업협력을 강화해 나가기로 합의하였다.

양국은「한·중 간 원자력의 평화적 이용에 관한 협력을 위한 협정」에 근거하여 핵 과학 기술 및 핵에너지 분야에서의 교류와 협력을 지속적으로 강화해 나가기를 희망하였다.

한국 측은 호혜의 원칙하에 중국의 사회간접자본 건설에 참가하기를 희망하였으며, 중국 측은 이를 환영하였다. 양측은 또한 제3국 건설분야에서 공동 진출 협력을 추진하기를 희망하였다.

양측은「한·중 철도분야 교류 및 협력약정」을 체결하였고, 철도 분야에서 과학기술 교류와 교육훈련 분야의 협력을 강화해 나가기로 결정하였다.

10. 양측은 미래지향적인 양국 관계를 발전시키기 위해서 정부 간 교류 뿐 아니라, 양국 국민 간 상호 이해증진과 다양한 교류확대가 필요하다는 데 인식을 같이하였다.

양측은 양국의 각 분야에서의 문화교류 및 협력을 강화, 발전시키기 위하여 한·중 양국 정부 간 문화협정에 의거, "한·중 문화공동위원회"를 정기적으로 개최키로 하였다.

양측은 양국 각각의 정부수립 및 건국 50주년을 기념하여 금년과 내년에 각종 행사를 개최키로 하고, 양국 정부는 이를 적극 지원하기로 합의하였다.

양측은 1998년 체결된「교육교류 약정」을 기초로 교육 및 학술부문의 교류를 강화해 나가기로 하였다.

양측은 양국 관광분야의 교류 및 협력을 강화하도록 장려하고, 양국 관광업계의 발전을 공동으로 촉진해 나가기로 하였다.

양측은 양국의 각급 지방정부 간 자매결연 등 방식을 통해 경제, 문화 등 제반분야에서의 교류를 확대해 나가기로 합의하였다.

양측은 양국이 「한·중 형사사법공조조약」, 「한·중 사증발급절차 간소화 및 복수 사증발급에 관한 협정」 및 「한·중 양국정부간 청소년 교류 양해각서」 등 문서에 서명하고, 어업협정을 가서명 한 데 대해 환영을 표시하고 상술한 문서가 양국관계 발전과 양국 간 교류 및 협력의 확대에 기여하기를 희망하였다.

11. 양측은 핵무기 확산 방지와 핵에너지의 평화적 이용 및 생·화학무기 감축, 환경, 마약, 테러, 국제조직범죄 등 국제문제에 있어서 협력을 강화하기로 합의하였다.

한국 측은 중국의 세계무역기구(WTO) 조기 가입을 지지하는 입장을 재천명 하였으며, 양측은 아시아·태평양 경제협력체(APEC), 아시아·유럽정상회의(ASEM), 아세안지역안보포럼(ARF) 및 UN 등 국제무대에서의 협력을 강화하고, '00년 한국에서 개최되는 제3차 아시아·유럽 정상회의의 성공적인 개최를 위해 협력해 나가기로 합의하였다.

12. 양측은 김대중 대통령의 중국방문이 순조롭게 이루어져 성공을 거두었다고 평가하였다. 김대중 대통령은 중국 측의 따뜻한 환대에 대해 사의를 표시하고, 강택민 주석이 편리한 시기에 한국을 방문해

주도록 초청하였다. 강택민 주석은 이에 대해 사의를 표시하고 동방한초청을 흔쾌히 수락하였다.

3 노무현 대통령 국빈 방중 계기 한·중 공동성명

2003.7.8. 베이징

1. 대한민국 노무현 대통령은 중화인민공화국 후진타오(胡錦濤) 주석
   의 초청으로 2003년 7월 7일부터 10일까지 중국을 국빈 방문하여 중
   국정부와 국민의 정중한 환영과 따뜻한 영접을 받았다.

   방문기간 동안 노무현 대통령은 후진타오(胡錦濤) 주석과 정상회담
   을 가졌으며, 중화인민공화국 우방궈(吳邦國) 전국인민대표대회 상
   무위원회 위원장, 원자바오(溫家寶) 국무원 총리, 쩡칭훙(曾慶紅) 국
   가부주석과 면담하였다. 회담과 면담을 통해 양측은 한·중 우호협
   력관계의 더 나은 발전과 지역 및 국제문제에 관한 공동관심사에 관
   해 심도 있게 의견을 교환하고, 광범위한 분야에서 인식의 일치를
   보았다.

2. 한·중 양국 정상은 수교 후 11년 동안의 양국 선린우호협력관계의
   발전을 전반적으로 회고하면서 총결산하고, 양국의 정치·경제·사
   회·문화 등 제반분야에서의 협력이 그간 현저한 성과를 거둔데 대
   해 만족을 표명하였으며, 이는 양국 국민에게 큰 이익을 가져다 줄
   뿐만 아니라, 이 지역의 평화, 안정 및 번영을 촉진시키는 데에도 중
   요한 기여를 해왔다고 평가하였다.

   양국 정상은 유엔헌장의 원칙과 한·중 수교 공동성명의 정신 및 기
   존의 협력동반자관계를 기초로, 미래를 지향하여 전면적 협력 동반
   자관계를 구축하기로 합의하고 이를 선언하였다.

3. 양측은 각기 국내정세 및 대외정책을 소개하였다. 중국 측은 한국정부가 경제발전과 한반도 및 이 지역의 평화와 번영을 위해 적극적으로 노력해 온 점을 높이 평가하였다. 한국 측은 중국정부가 개혁개방 및 현대화 건설을 추진하여 거둔 성과와 중국이 추진하고 있는 인접국과의 선린·동반자 외교정책을 높이 평가하였다.

4. 양측은 한반도의 평화와 안정을 유지하고, 한반도의 비핵화 지위가 확보되어야 한다는 데 인식을 같이하였다. 양측은 북한 핵문제가 대화를 통해 평화적으로 해결될 수 있다고 확신하였다.

한국 측은 북한 핵문제가 검증 가능하고 불가역적인 방식으로 완전히 해결되어야 한다는 점을 강조하였다. 중국 측은 북한의 안보우려가 해소되어야 한다고 주장하였다.

양측은 금년 4월 개최된 북경회담이 유익했다고 인식하였다. 한국 측은 중국 측이 동 회담 개최를 위해 기울인 노력을 평가하고 지지하였다. 양측은 북경회담으로부터 시작된 대화의 모멘텀이 지속되어 나가고, 정세를 긍정적인 방향으로 발전시켜 나가기를 희망하였다. 중국 측은 한국 측이 남북관계 개선과 긴장완화를 위해 취해 온 긍정적인 조치들을 평가하고, 한국 측이 한반도 문제의 당사자로서 건설적인 역할을 발휘하는 것을 지지하였다.

양측은 북한 핵문제를 포함한 한반도 문제에 관하여 협조와 협력을 가일층 강화해 나가기로 합의하였다.

5. 중국 측은 세계에 하나의 중국만이 있으며, 대만은 중국 영토의 불

가분의 일부분임을 재천명하였다. 한국 측은 여기에 대해 충분한 이해와 존중을 표시하고 중화인민공화국 정부가 중국의 유일 합법정부라는 것과 하나의 중국 입장을 계속 견지해 나갈 것임을 밝혔다.

6. 양측은 한·중 고위층 교류 및 양국 정부, 의회, 정당 간 교류가 양국 간 전면적 협력을 가일층 강화해 나가는데 중요한 의의를 가진다는 데 인식을 같이 하였다. 이를 위하여 양측은 양국 지도자간 상호 방문과 회동을 강화하고, 교류와 대화체제를 확대하고 발전시켜 나가기로 하였다.

7. 양측은 양국 간 경제·통상협력을 더욱 확대·심화하는 것이 양국의 공동이익에 부합되고, 양국의 공동발전에 도움이 된다는 데 인식을 같이 하였다. 양측은 양국 간 경제·통상 협력 방향을 연구하기 위한 공동팀을 구성하기로 합의하였다.

양측은 적극적인 조치를 취하여 양국 간 무역의 건전하고도 순조로운 발전을 추진하고, 또한 무역을 확대하면서 균형을 이루어 나간다는 원칙하에 무역불균형을 개선토록 상호 노력하기로 하였다. 양측은 상호이익과 우호적인 협의 정신에 따라 무역과 관련하여 발생하는 문제를 예방하고 원만히 해결해 나가기로 합의하였다. 이를 위하여 양측은 양국 간에 품질감독·검사·검역 협의체를 조속히 설치하기로 합의하였다.

양측은 한·중 투자보장협정을 개정하여 양국 상호 간 투자확대를 위해 유리한 환경을 함께 조성해 나가기로 합의하였다.

8. 양측은 새로운 협력분야의 협력방식을 개발하여 양국 간 "미래지향적 경제협력 관계"를 모색해 나가기로 합의하였다. 양측은 완성차 생산, 금융, CDMA 등 분야에서의 협력을 높이 평가하고, 동 분야의 협력을 계속 강화하기로 합의하였다.

또한, 이러한 분야에서의 성과를 바탕으로 차세대 IT산업, 생명공학, 신소재 등 첨단기술분야에서의 공동 연구와 산업화 협력을 강화하고, 유통, 자원개발 및 에너지, 교통 등 인프라 건설분야에서의 교류와 협력을 확대해 나가기로 합의하였다.

양측은 환경보호와 환경산업분야에서의 협력을 강화하고, 양국 정부와 업계, 학계 및 관련 단체들이 참가하는 "한·중 환경보호 산업투자 포럼"을 공동개최하기로 합의하였다. 양측은 황사 모니터링, 사막화 방지 및 생태계 건설 등 분야에서의 협력을 계속 강화하기로 합의하였다.

한국 측은 2008년 북경올림픽, 2010년 상해엑스포와 중국의 서부 대개발 계획을 적극 지지하였으며, 중국 측은 한국기업의 적극적인 참여를 환영하였다.

9. 양측은 "2002 한·중교류의 해" 활동이 성공적으로 이루어진 것에 대해 만족을 표명하고, 동 성과를 바탕으로 "한·중교류제"를 매년 정기적으로 개최하는 방안을 검토키로 하였으며, 양국 간 문화교류와 문화산업 협력을 더욱 강화하기로 합의하였다.

양측은 양국 간 교육, 체육, 언론 등 분야와 우호단체, 청소년 및 양국의 자매도시 간의 교류를 더욱 확대하여 양국 국민들 간 우호협력의 기초를 튼튼히 하기로 합의하였다.

한국 측은 중국 정부와 국민이 SARS 퇴치에 있어서 큰 성과를 거둔 것을 높이 평가하였다. 중국 측은 한국 측이 중국의 SARS 퇴치 노력을 지지하고 지원해 준 데 대해 사의를 표명하였다. 양측은 양국 간 전염병 예방과 퇴치 등 분야에서 교류협력을 강화하기로 합의하였다.

양측은 양국 국민의 왕래가 빠르게 증가하고 있는 데에 따른 수요에 부응하기 위하여 양국 간 항공협력을 확대해나가는 한편, 항공자유화를 점진적으로 추진하기로 합의하였다.

양측은 영사 및 사법분야에서 협력을 강화하고, 양국의 법집행 기관 간의 협의와 인적교류를 확대하여 양국 국민들의 정상적인 왕래를 위한 법적인 보장을 제공하기로 합의하였다.

양측은 「한·중 간 민사 및 상사 사법공조 조약」, 「한·중 간 표준화 및 적합성 평가분야 협력에 관한 약정」 및 「한국공학한림원과 중국 공정원간의 공학기술협력에 관한 양해각서」를 체결하게 된 것을 환영하였다. 중국 측은 한국이 청두(成都)에 총영사관을 설치하는데 동의하였다. 양측은 이러한 조치가 양국 관계의 발전과 양국 간 교류·협력의 확대에 기여할 수 있기를 희망하였다.

10. 양측은 아태지역에서 부상하고 있는 역내협력 과정의 추진을 위해 적극적으로 노력하기로 합의하였다. 양측은 ASEAN 3 과정을 통해

동아시아 협력을 지속적으로 확대·심화시켜 나가는 것을 지지하여 지역평화와 공동번영을 위해 기여해 나가기로 하였다. 양측은 한·중·일 간 협력 강화가 동아시아 협력의 발전을 촉진시키는데 도움이 된다는 데 인식을 같이하고, 현재 3국의 경제연구기관 간에 진행되고 있는 한·중·일 FTA의 경제적 효과에 관한 공동연구가 많은 성과를 거두기를 기대하였다.

양측은 유엔, 세계무역기구, 아·태 경제협력기구, 아시아·유럽 정상회의 등 지역 및 국제무대에서의 협조와 협력을 강화하는 데 의견을 같이하고 특히, 2005년 한국에서 개최되는 APEC 정상회의의 성공적 개최를 위하여 긴밀히 협력하기로 하였다.

양측은 마약, 국제테러리즘, 금융경제범죄, 해적, 하이테크범죄 등 비전통적 안보 분야를 포함한 공동관심사에 관하여 협력을 더욱 강화해 나가기로 합의하였다.

11. 양측은 노무현 대통령의 중국방문 성과에 대해 만족을 표명하고, 노무현 대통령의 금번 방문이 향후 양국관계의 장기적인 발전에 중요한 계기가 될 것이라는 데 인식을 같이 하였다. 노무현 대통령은 중국 측의 환대에 사의를 표하고, 편리한 시기에 후진타오(胡錦濤) 주석이 한국을 방문하여 주도록 초청하였다. 후진타오 주석은 이에 대해 사의를 표하고 초청을 흔쾌히 받아들였다.

4 **후진타오 주석 국빈 방한 계기 한 · 중 공동성명**

2005.11.17. 서울

중화인민공화국 후진타오(胡錦濤) 국가주석은 대한민국 노무현 대통령의 초청으로 2005년 11월 16일부터 17일까지 대한민국을 국빈 방문하였다.

방문기간 중 후진타오 주석은 노무현 대통령과 정상회담을 가졌으며, 김원기 국회의장, 이해찬 국무총리 등 한국 지도자들과 각각 면담하였다.

양국 정상은 2003년 7월 북경에서의 만남 이후 한 · 중 관계가 새로운 진전을 거둔 데 대해 만족을 표하고, 양국 간 합의한 "한 · 중 간 전면적 협력 동반자관계"를 더욱 심화시켜 나갈 것과, 지역 및 국제문제 등 상호 공동 관심사에 대해 허심탄회하고 심도 있는 의견교환을 하였으며, 광범위한 공동인식에 도달하였다.

I

양측은 1992년 한 · 중 수교 이래 양국이 외교, 안보, 경제, 사회, 문화, 인적교류 등 각 분야의 교류와 협력에 있어 중요한 진전을 거두게 된 것을 높이 평가하였다.

양측은 2003년 7월의 「한 · 중 공동성명」이 효과적으로 이행되고 있는데 대해 만족을 표명하였다. 양측의 정치적 상호신뢰는 계속 깊어지고 있으며, 각 분야에서의 교류와 협력이 날로 확대·심화되고 있는 바, 한·중 간 전면적 협력 동반자관계가 새로운 발전단계에 접어들었다는데 인식을 같이 하였다.

양측은 양국 간 "전면적 협력 동반자관계"에 따라 선린우호협력관계를 계속 공고히 하고 발전시켜 나가는 것이 양국 국민의 근본적인 이익에 부합되며, 이 지역은 물론 세계의 평화, 안정 및 번영에도 긍정적인 기여를 할 것이라는 데 공감하였다.

또한, 양측은 각 분야에서의 양국 간 교류와 협력을 계속 확대, 심화시켜 나가고, 양국관계 발전 과정에서 발생하는 문제들을 한·중 우호·협력관계 발전의 큰 틀 속에서 원만하게 해결해 나감으로써, 한·중관계가 장기적으로 건전하고 안정적으로 발전해나갈 수 있도록 공동의 노력을 기울여 나가기로 하였다.

II

양측은 북경 제4차 6자회담에서 채택한 공동성명을 환영하고, 동 공동성명을 통해 6자회담의 목표와 원칙에 합의함으로써, 한반도 비핵화 실현을 위한 중요한 기초를 다졌다는 데 인식을 같이하였다. 양측은 관련 각측이 계속 성의를 가지고 신축성을 보여주어야 하며, 동 성명을 성실히 이행하여 회담의 프로세스가 계속 진전을 이루도록 해야 한다는데 인식을 같이 하였다.

중국 측은 남북한 간 화해 협력이 적극적인 진전을 거두게 된 것을 환영하고, 남북한 양측의 관계가 개선되어 최종적으로는 평화통일이 실현되기를 계속 확고 불변하게 지지한다는 점을 재천명하였다. 중국 측은 한국 측이 남북관계 개선 및 한반도 평화와 안정유지를 위해 기울여온 노력을 평가하고, 한국 측이 한반도 문제의 직접 당사국으로서 이를 위해 계속적으로 적극적인 역할을 발휘하기를 바라며, 이를 지지한다고 하였다.

양측은 한반도 및 동북아의 평화와 공동의 번영을 위해 계속 협력해 나가기로 하였다.

양측은 동북아 지역의 교류와 협력이 날로 증대되고 있는 것을 환영하고, 역내 통합과 협력의 질서창출을 위해 적극 협력하기로 하였다. 중국 측은 한국 측의 '평화와 번영 정책'을 평가하였으며, 한국 측은 중국이 동북아의 평화와 발전을 위해 수행하고 있는 건설적인 역할을 높이 평가하였다.

Ⅲ

중국 측은 세계에서 중국은 오직 하나뿐이며, 대만은 중국 영토의 불가분의 일부분이라고 강조하였다. 한국 측은 이에 대해 충분한 이해와 존중을 표명하였으며, 중화인민공화국 정부만이 중국을 대표하는 유일한 합법정부임을 재확인하고, 하나의 중국 입장을 계속 견지해 나갈 것임을 밝혔다.

Ⅳ

양측은 양국의 고위급 교류 및 정부, 의회, 정당간의 교류가 양측의 상호이해와 신뢰를 증진하고, 양국 간 전면적 협력동반자관계의 지속 심화 발전을 촉진하는데 있어서 중요한 의의가 있다는데 의견을 같이 하였다. 양측은 고위급 상호방문 모멘텀을 계속 유지하기로 하고, 양국 지도자간의 빈번한 만남을 강화하기로 하였다. 양측은 양국 의회 간 고위급 정기교류체제의 조속한 구축과 양국 정당, 단체 간 각종 형식의 교류와 협력을 지지하기로 하였다.

양측은 양국 외교부간의 협상과 협력을 보다 강화해 나가자는 데 동의하고, 양국 외교장관 간 상시 의견교환이 가능하도록 직통전화 채널 (hot-line)을 개설하기로 하였다. 또한, 양국 외교부 차관급 정례협의채널을 설치하고, 공동관심사에 대해 논의하기로 하였으며, 양측 외교 당국 간 다양한 수준에서의 정기협의 메커니즘을 활성화하기로 하였다.

양측은 양국 국방, 안보분야의 대화와 접촉을 강화하고, 양국 군사교류를 확대해 나가기로 하였다. 양측은 2002년 북경에서 개최된 한·중 외교·국방 당국 간 제1차 안보대화를 긍정적으로 평가하고, 2006년 서울에서 제2차 대화를 개최키로 합의하였으며, 이를 정례화하기 위해 노력하기로 하였다.

V

양측은 양국 간 경제무역관계가 날로 긴밀해지는 것은 양국국민들에게 실질적인 이익을 가져다줄 뿐만 아니라, 양국의 공동 발전과 번영에도 도움이 된다고 하고, 이에 대해 만족을 표명하였다.

양측은 양국의 공동연구팀이 2003년 양국 정상간 합의에 따라 완성한 「한·중 경제통상협력 비젼 공동연구보고서」에 대해 높이 평가하고, 동 보고서가 향후 양국의 무역·투자 등 중장기 경제협력의 중요한 지침이 될 것이라고 하였다.

양측은 양국 간 연간 1,000억 불 무역 목표액이 3년 앞당겨 2005년 달성이 예상되는 것을 기쁘게 생각하며, 한·중 수교 20주년이 되는 2012년에 양국 간 무역액이 2,000억 불을 달성할 수 있도록 지속적인 노력을 기울여 나가자고 하였다.

양측은 양국 간 무역을 확대시켜 나감과 동시에 점진적으로 균형을 이루어 나가도록 상호 적극적인 노력을 기울여 나가자는 데 의견을 같이 하였다. 이를 위하여 한국 측은 구매사절단 파견 등 적극적인 노력을 계속해 나가기로 하였다.

한국은 중국의 시장경제지위를 인정하기로 하였다.

양측은 한·중 양자 간 FTA 민간공동연구가 2005년부터 2년 예정으로 가동되고 진전을 거둔데 대해 만족을 표명하고, 양국의 연구기관이 이를 심도 있게 논의, 연구보고서를 예정대로 완성하여 정부에 정책건의를 하게 되기를 희망하였다.

양측은 양국경제무역과학기술 공동위원회, 경제장관 회의 등 대화와 협력체제를 가일층 강화, 정비하고, 양국 경제협력의 분야와 채널을 지속·확대해 나가기로 하였다. 양측은 현재 운용중인 한·중 무역 구제기관 협력회의의 기능을 확대 강화시켜 상호 이익, 호혜와 우호협상의 정신에 따라, 무역 과정에서 발생하는 문제들을 사전에 예방하고 원만하게 처리해 나가기로 하였다. 양측은 품질감독검사검역에 관한 고위급 협의체를 조속히 가동시킴으로써, 식품위생, 동식물 검사검역 등 품질검사 분야의 문제를 대화와 협상을 통해 해결하기로 하였으며, 상업정보분야 교류협력을 추진해 나가기로 하였다.

양측은 투자협력 확대를 위한 양호한 환경 조성에 필요한 지원을 하고, 「한·중 투자보장협정」 개정에 조속히 합의하여 양국의 상호투자 확대라는 수요에 부응할 수 있도록 하기로 합의하였다.

양측은 「대한민국 산업자원부와 중화인민공화국 상무부간의 무역구제분야 협력 확대에 관한 양해각서」 및 「대한민국 산업자원부와 중화인민공화국 상무부간의 무역투자협력 확대에 관한 양해각서」의 체결을 환영하고, 이들 양해각서의 체결을 통해 양국의 기업들에게 보다 개선된 비즈니스 환경을 제공하게 될 것으로 기대하였다.

양측은 첨단기술, 인프라, 서비스업 및 대형프로젝트 분야에서의 양국의 협력을 긍정적으로 평가하고, 「한·중 경제통상협력 비젼 공동연구보고서」에서 건의한 양자 간 무역투자 원활화를 위한 5개 조치 및 정보통신, 자동차, 철강 등 12개 분야에서의 협력 등 17개 중점산업분야에서의 협력을 한층 더 강화해 나가자는데 합의하였다.

양측은 정보기술, 생명공학, 신소재 등 첨단기술 분야에서 더욱 긴밀한 협력을 전개하고, 과학기술정보 교류를 확대하며, 관련 연구 성과를 공유하고 효과적으로 이용하는 방안을 추진하자는 데 동의하였다.

양측은 또한, 환경기술에 대한 공동 연구 및 응용방안을 추진하며 순환경제, 황사 모니터링, 사막화 방지, 위생매립장 관리, 매립가스 발전 등 분야에서의 협력을 계속해서 강화해 나가기로 하였다.

양측은 차세대 인터넷과 이동통신, 공개 소프트웨어 등의 IT분야에서 보다 더 긴밀하고 구체적인 협력관계를 구축하는 등 양국 간 IT협력을 한 단계 더 발전시키기로 합의하였다. 양측은 정보화 혜택으로부터 소외되어 지식정보사회로의 진입에 어려움을 겪고 있는 아시아와 세계 각국의 빈곤계층에 대한 정보 접근기회 제공 등 국제정보격차 해소를 위해서 협력하기로 합의 하였다.

양측은 에너지 문제가 세계경제 발전에 미치는 영향에 대해 깊은 관심을 표명하고, 석유수입에 관한 양국 간 대화체제를 구축하는 방안을 검토하기로 하였으며, 에너지 분야에서의 기업 간 교류와 협력을 장려하고, 평등호혜, 상호협의의 원칙하에 양국 간 에너지 분야의 협력을 강화하기로 하였다.

또한, 양측은 석유 공동 비축, 전력건설 및 신재생 에너지 등 분야에서 교류를 계속 강화해 나가기로 합의하였다.

양측은 양국 간 물류 · 유통 분야의 협력체제를 계속 정비시키고, 동북아 전체의 물류분야 협력을 공동으로 추진하기로 하였다. 이를 위해 양국 간 해상운수협력 장관급 회의를 정례적으로 개최하기로 합의하였다.

양측은 양국이 현재의 기초 위에 전통의약 및 전염병 방지 등 분야에서의 교류와 협력을 보다 강화해 나가자는 데 동의하였다.

양측은 조류 인플루엔자의 예방과 치료분야에서의 정보 교류와 협력을 강화해 나가자는데 동의하였다.

한국 측은 2008년 북경 올림픽과 2010년 상해 세계박람회, 중국의 서부대개발, 동북노후공업지역 진흥계획 등에 지속적으로 협력하고 참여할 뜻을 밝혔으며, 중국 측은 이를 환영하였다.

VI

양측은 양국의 문화, 교육, 관광, 스포츠, 언론 등 분야와 우호단체, 지자체간의 교류를 더욱 확대하여 양국민의 우호협력을 위한 기초를 공고히 해 나가기로 하였다.

양측은 한·중 수교 15주년이 되는 2007년을 한·중교류의 해로 정하기로 하고, 양국 정부차원에서 각종행사를 진지하게 기획하고 조직하여, 양국의 민간교류 확대와 이해증진의 중요한 계기가 되도록 하자는 데 인식을 같이 하였다.

양측은 청소년 교류가 양국관계의 미래에 중요한 의의가 있다고 하고, 최근 2년간 「한·중 청소년교류합의」의 운영상황을 높이 평가하였다. 중국 측은 양국 청소년간의 교류를 더욱 활성화시키기 위해, 2006년부터 방중 초청대상 한국청년 규모를 100명을 추가하여 초청해 나갈 것이라고 하였으며, 한국 측이 매년 500명의 중국청년을 한국으로 초청하는 사업이 중국 청년들의 한국에 대한 이해와 양국 청년 간 우의를 제고시키는 데 좋은 성과를 거두고 있음을 기쁘게 생각한다고 하였다.

양측은 경제무역, 인적교류의 신속한 발전 요구에 부응하기 위하여, 항공, 해운협력을 지속 확대해나가기로 하였으며, 항공, 해운 자유화를 점진적으로 추진하기로 하였다. 한국 측은 중국의 항공사를 위해 중국에서 제주도까지의 항공노선에 최대한 편의를 제공해줄 의향이 있다고 하였다.

양측은 양국문화공동위원회가 금년 5월 채택한 「2005~2007년도 한·중문화교류계획」에 대해 긍정적으로 평가하고, 동 계획에 따라 정기적으로 문화분야의 전문가, 배우 및 관련 공무원을 상호 파견하여 학술교류와 문화산업협력을 추진해 나가기로 하였다.

중국 측은 한국 측이 시안(西安)에 총영사관을 개설하는 것을 환영하였으며, 한국 측은 중국의 주한 중국대사관 주광주 영사사무소 개설을 환영하였다.

양측은 「해상 수색 및 구조협정」을 조속히 체결하여 해상 인명과 재산의 안전을 확보하자는 데 동의하였으며, 양국 간 정상적인 경제활동과 인적 왕래를 위한 법률 및 제도적 보장을 위해 영사, 사법 등 분야의 협력을 지속 강화해나가자는 데 동의하였다.

양측은 「중국 국가임업국과 한국 산림청간 동북 호랑이 번식 협력에 관한 약정」의 체결을 환영하고, 동 약정의 체결이 양국 국민들 간의 우호와 협력을 가일층 증진시키는데 도움이 되기를 기대하였다.

VII

양측은 ASEAN+3, 동아시아 정상회의, 한·중·일 협력, ARF, APEC, ASEM, 아시아·라틴아메리카 포럼 등 각종 지역 및 지역 간 협력체에서 긴밀히 협력하고, 역내 FTA 연구와 구축을 촉진하며, 지역협력의 과정을 추진해 나가자는 데 동의하였다.

양측은 21세기 국제사회가 당면한 기회와 도전에 대처하기 위하여 효율적 다자체제를 보다 강화해 나가야 할 필요성에 공감하면서, 유엔 등 국제무대에서 지속적으로 상호 협력키로 하였다.

양측은 특히 효율적 다자주의의 미래를 위해 광범위하고 합리적인 유엔개혁이 필요함을 강조하고, 유엔체제가 유엔의 권위 및 효율성제고, 새로운 도전과 위협에 대처할 수 있는 능력제고, 보다 투명하고 민주적이며 대표성을 확보하는 방향으로 개혁되어야 한다는 데 의견을 같이 하였다.

양측은 또한, 안보리 개혁이 충분한 협상과 가장 광범위한 공감대가 형성된 기조 위에서 추진됨으로써 유엔의 전반적 개혁에 긍정적 영향을 미치는 방향으로 이루어져야 함을 강조하였다.

양측은 마약퇴치, 국제 테러리즘, 금융경제범죄, 해적, 하이테크범죄, 종교적 극단주의 등 비전통적 안보 분야에서의 협력을 강화해 나가자는 데 동의하였다.

양측은 부산 APEC 정상회의의 성공적 개최를 위해 협력하고, 궁극적

으로 아시아·태평양지역의 공동 번영을 위해 함께 노력해 나가기로
하였다.

VIII

양측은 후진타오 주석의 방한이 큰 성과를 거두게 된데 대해 만족을
표명하고, 금번 방문이 장래 양국관계 발전에 있어서 중요한 의의가 있
다는 데 의견을 같이 하였다.

후진타오 주석은 노무현 대통령에게 한국 정부와 국민들의 따뜻하
고 우호적이며 성대한 환대에 대해 사의를 표하고, 노무현 대통령께서
편리한 시기에 중국을 재차 방문해주실 것을 초청하였다. 노무현 대통
령은 후주석의 초청을 수락하였다. 구체적인 방문 일시는 양측 간 외
교채널을 통하여 협의 후 결정하기로 하였다.

5 이명박 대통령 국빈 방중 계기 한·중 공동성명

2008.5.28. 베이징

이명박 대한민국 대통령은 후진타오(胡錦濤) 중화인민공화국 주석의 초청으로 2008년 5월 27일부터 30일까지 중국을 국빈방문하여 중국 정부와 국민의 정중한 환영과 따뜻한 영접을 받았다.

방문기간 동안 이명박 대통령은 후진타오 주석과 정상회담을 가졌으며, 원자바오(溫家宝) 국무원 총리, 자칭린(賈慶林) 전국정치협상회의 주석과 각각 면담하였다.

이명박 대통령은 최근 쓰촨성(四川省) 원촨(汶川)에서 발생한 지진으로 막대한 인명피해 및 재산피해가 발생한데 대해 깊은 애도와 위로를 표시하고, 중국 측의 피해자 구호에 필요한 지원을 제공할 용의가 있음을 표명하였다. 후진타오 주석 등 중국 지도자들은 한국 정부와 국민들이 중국의 재난 상황에 관심을 갖고, 긴급원조를 제공하고 구조대를 파견한 것에 대해 사의를 표명하였다. 양측은 지진, 해일, 태풍 등 자연 재해 분야에서 양국 간 협력을 강화해 나가기로 하였다.

회담과 면담을 통해 양측은 한·중 우호협력관계의 가일층 발전과 지역 및 국제문제 상호 관심사에 대해 심도 있게 의견을 교환하고 광범위한 분야에서 인식의 일치를 보았다.

1. 한 · 중 관계 발전

양국 정상은 1992년 수교 이래 한 · 중 양국이 이룬 급속한 관계 발전을 높이 평가하고, 양국관계를 '전면적 협력 동반자관계'에서 '전략적 협력 동반자관계'로 격상하기로 하였으며, 외교, 안보, 경제, 사회, 문화, 인적교류 등 분야에서 교류와 협력을 한층 강화시켜 나가기로 하였다.

양측은 양국이 외교 · 안보 분야 대화와 협력을 증진시켜 나갈 필요가 있다는 인식 하에, 외교 당국 간 고위급 전략대화 체제를 구축하기로 합의하고, 기존 양측 간 '한 · 중 외교 · 안보 대화'를 정례화하기로 하였다.

양측은 양국 지도자, 정부 각 부처, 의회와 정당간의 교류를 더욱 강화시켜 나가기로 하였다.

중국 측은 세계에 하나의 중국만이 있으며, 대만은 중국 영토의 불가분의 일부분임을 재천명하였다. 한국 측은 이에 대해 충분한 이해와 존중을 표시하고, 중화인민공화국 정부가 중국의 유일 합법 정부라는 것과 하나의 중국 입장을 계속 견지해 나갈 것임을 밝혔다.

2. 경제 · 통상 협력 확대

양측은 2005년 양국 정상이 채택한 「한 · 중 경제통상협력 비전 공동연구보고서」를 양국 간 경제 · 통상관계 발전의 새로운 상황을 반영하여 보다 실질적인 경제 · 통상 협력의 토대로 활용할 수 있도록 조정 · 보완해 나가기로 하였다.

양측은 한·중 자유무역협정(FTA) 산관학 공동연구가 순조롭게 진행 중임을 평가하고, 동 연구 결과를 토대로 한·중 자유무역협정(FTA) 추진에 대하여 양국 간 상호이익이 되는 방향으로 계속 적극 검토해 나가기로 하였다.

양측은 「한·중 투자보장협정」의 개정 및 공포에 대해 환영을 표하고, 이 협정이 한·중 양국 간의 상호 투자를 확실히 보호하고 확대하는 데 도움이 되며, 양국 호혜공영의 경제·통상 관계 발전방향에 부합한다는 데 인식을 같이하였다.

양측은 양국 간 무역이 점차적으로 확대 균형을 이룰 수 있도록 공동 노력해 나가기로 하였다. 한국 측은 중국수출입상품교역회, 중국국제중소기업박람회 등 각종 무역투자박람회 적극 참가, 구매사절단 및 투자조사단 파견 등 노력을 계속해 나가기로 하였다. 중국 측은 이를 높이 평가하였다.

양측은 이동통신 분야에서의 구체적인 협력의 필요성에 공감하고, 양국 통신기업간 자본 및 기술협력이 확대될 수 있도록 적극 지원하며, 전자정보통신 분야에서의 협력을 소프트웨어, 무선주파수식별시스템(RFID) 등의 분야로 확대해 나가도록 상호 긴밀히 노력하기로 하였다.

양측은 원전, 석유비축, 자원 공동개발과 신재생 에너지 등 에너지 분야에서 포괄적이고 호혜적인 협력을 지속적으로 강화해 나가고, 향후 에너지 절약분야에서도 구체적인 성과를 도출하기 위해 노력하기로 하였다.

양측은 지적재산권 보호, 식품안전 및 품질검사, 물류 및 노무 협력 등 분야에서의 협력을 강화하기로 하였다.

양측은 금융분야에서의 협력 강화가 양국의 금융업 발전에 유리 하다는데 인식을 같이하였다. 양측은 금융시스템 구축 과정에서 얻은 경험을 상호 교류하고 배우며, 금융시장의 개혁과 개방을 추진하고, 국제 및 지역 금융기구에서의 협조와 협력을 강화하기로 하였다.

양측은 남북 극지 과학 기술 등 분야에서 양국 간 공동 연구 및 조사 등의 협력을 강화하기로 하였다.

양측은 환경 보호 강화를 위한 협력의 중요성에 인식을 같이하고, 특히, 환경산업, 황사 관측, 황해 환경보전 등 분야의 교류와 협력을 강화하기로 합의하였다.

양측은 2010년 상하이 세계박람회와 '12년 여수 세계박람회의 성공적 개최를 위해 적극 협력하기로 하였다.

3. 인적 · 문화 교류 강화

양측은 기존의 청소년 상호 초청규모를 점진적으로 확대하는 한편, 상호 초청을 통한 청소년 홈스테이 프로그램 및 대학 장학생 교류도 확대하기로 합의하였다.

양측은 양국 국민 간 교류 확대를 위해 사증 편리화 조치를 취하는 것을 적극 검토하기로 하였다.

중국 측은 한국 측의 주우한(武漢) 총영사관 설립 계획을 환영하였다.

양측은 양국의 유구한 교류역사가 한·중 우호관계의 소중한 자산임을 인식하고, 상호 이해를 강화하기 위해 양국 학술기관이 역사, 문화 등 분야에서 교류를 전개하는 것을 지원해 가기로 하였다.

4. 지역 및 국제무대에서의 협력 추진

중국 측은 남북한 양측이 대화와 협상을 통해 관계를 개선하고, 궁극적으로 평화적인 통일을 실현하는 것을 변함없이 지지한다는 점을 재확인하였다.

한국 측은 한반도 평화와 안정 실현을 위한 그간의 중국 측의 역할을 평가하고, 앞으로도 계속 건설적인 역할을 할 것을 기대하였다.

한국 측은 북핵문제의 해결을 진전시키고 남북한 간 경제·사회 등 제반분야의 교류와 협력의 폭을 확대하고자 하는 입장을 표명하였다. 중국 측은 이에 대해 이해를 표시하고 남북한 화해협력이 증진되기를 기대하였다.

양측은 6자회담 관련 「9.19 공동성명」의 이행을 위한 제2단계 행동계획이 "행동 대 행동"의 원칙에 따라 전면적이고 균형적으로 조기에 이행되어야 한다는 데 인식을 같이하였다.

양측은 관계 각측과 함께 다음 단계 행동계획을 검토·작성하고, 9.19 공동성명의 전면적인 이행을 위해 건설적인 노력을 하기로 하였다.

양측은 한·중 협력이 6자회담과 한반도 비핵화 과정을 추진하는 중요한 요인으로 작용한다는데 인식의 일치를 보았으며, 한반도 및 동북아의 평화와 안정을 실현하기 위해 계속 긴밀히 협력해 나가기로 하였다.

양측은 범세계적 문제 해결을 위한 유엔의 역할의 중요성을 재확인하고, 유엔관련 사안에 대해 계속 긴밀히 협력하기로 합의하였다. 또한 유엔개혁이 유엔의 권위와 역할 및 효율을 강화하고, 유엔의 투명성, 민주성, 대표성을 제고하는 방향으로 회원국들 간의 최대한 광범위한 합의를 바탕으로 이루어져야 한다는데 의견을 같이 하였다. 양측은 유엔의 효율성과 책임성을 제고하기 위한 유엔사무총장의 제반노력에 대한 지지 입장을 표명하였다.

양측은 한·중·일 협력이 아시아의 평화, 안정 및 번영에 있어 매우 중요하다는데 인식을 같이 하였다. 양측은 3국 정상 회의와 외교장관 회의의 3국내 순환 개최 등 3국간 빈번한 교류를 지속시키기 위해 노력하기로 하였다.

양측은 금년 북경에서 개최되는 제7차 아시아·유럽 정상회의(ASEM)의 성공적인 개최를 위해 공동 노력하기로 하였다. 양측은 기후변화, 대량살상무기(WMD)의 확산방지, 국제테러리즘, 금융경제 범죄, 해적, 하이테크 범죄 등 공동관심 문제에 대해 협력을 강화하기로 하였다.

5. 조약·양해각서 서명

양측은 양국이 「한·중 수형자 이송 조약」, 「중화인민공화국 과학

기술부와 대한민국 교육과학기술부간 극지(極地)에서 과학기술협력에 관한 양해각서」,「한·중 학위학력 상호인증 양해각서」 체결을 환영하였다.

6. 평가 및 향후 정상교류

양측은 이명박 대통령의 금번 중국 방문의 긍정적인 성과에 대해 만족을 표명하고, 금번 방문이 향후 양국관계 발전에 중요한 의의를 지닌다는데 인식을 같이하였다.

후진타오 주석은 이명박 대통령의 베이징 올림픽 개막식 참석을 기대하며, 이를 환영한다고 하였다. 이에 대해 이명박 대통령은 베이징 올림픽이 인류 화합의 제전으로서 큰 성공을 거두기를 기대한다는 입장을 표명하고, 개막식에 참석하겠다는 의향을 표명하였다.

이명박 대통령은 중국 측의 환대에 사의를 표하고, 후진타오 주석이 조기에 한국을 방문하여 주도록 초청하였다. 후진타오 주석은 이에 대해 사의를 표명하고 이 대통령의 초청을 흔쾌히 수락하였다.

후진타오 주석 국빈 방한 계기 한·중 공동성명

2008.8.25. 서울

I. 후진타오(胡錦濤) 중화인민공화국 주석은 이명박 대한민국 대통령
의 초청으로 2008년 8월 25일부터 26일까지 한국을 국빈 방문하였
다. 방문 기간 동안 후진타오 주석은 이명박 대통령과 정상회담을
갖고 광범위한 분야에서 인식의 일치를 보았다.

II. 양 정상은 1992년 한·중 수교 이래 양국 관계가 정치, 경제, 사회,
문화 등 각 분야에서 이룩한 다대한 발전에 만족을 표시하였고, 이
것이 양국의 발전을 촉진하였을 뿐만 아니라, 아시아를 비롯한 전
세계의 평화와 발전에도 긍정적인 기여를 한 것으로 평가하였다.

III. 이명박 대통령은 중국이 베이징 올림픽을 성공적으로 개최한 것을
축하하였다. 후진타오 주석은 이명박 대통령이 베이징 올림픽 개막
식에 직접 참석하는 등 베이징 올림픽의 성공적 개최를 지원하여 준
데 대해 사의를 표하였다.
양측은 한·중 관계가 양측 모두에게 중요한 양자 관계라는 데 인식
을 같이하였다. 양측은 2008년 5월 이명박 대통령 방중 시 양측이 발
표한 「한·중 공동성명」을 기초로 한·중 전략적 협력 동반자관계를
전면적으로 추진해 나가기로 하였다.

IV. 양측은 장기적인 공동 발전 실현을 기본 목표로 상호 협력을 전 방
위적으로 확대·심화하고, 지역 및 국제사회의 중요 문제에 있어 협
조를 강화하기로 하였다. 또한 양측은 항구적인 평화와 공동번영의

세계를 구축하기 위해 노력하고, 인류 발전과 진보를 위하여 힘쓰기
로 하였다. 이를 위해 양측은 아래와 같은 방향으로 양국 관계를 발
전시켜 나가기로 하였다.

1. 정치적 신뢰를 증진하고, 상대방의 평화적 발전을 상호 지지한다.
   양국 간의 고위층 교류를 유지 강화한다. 양국 정부, 의회 및 정당
   간의 교류와 대화를 심화 확대한다. 국방 분야의 대화와 교류를
   강화한다.

2. 호혜협력을 심화한다. 서로의 장점으로 상호 보완하고 호혜상생
   하는 원칙에 입각하여 양측 간 새로운 협력분야를 부단히 발굴하
   고, 협력의 폭과 깊이를 확대해 나간다. 실용적 협력을 통해 양국
   의 지속가능한 발전을 촉진한다.

3. 인적·문화적 교류를 촉진한다. 양국 간 유구한 교류의 역사와 깊
   은 인적·문화적 유대를 바탕으로 교류를 폭넓게 전개함으로써
   양국 국민 간 상호 이해와 우호적인 감정을 심화시켜 나간다.

4. 지역 및 범세계적인 문제에 대한 조율과 협력을 강화한다. 한반도
   및 동북아의 평화와 안정을 유지하기 위해 함께 노력한다. 아시아
   지역 협력에 적극적으로 참여한다. 국제다자 무대에서 대화와 협
   력을 강화한다. 인류 생존 및 발전과 관련된 중대한 문제에 적극
   적으로 협력한다.

Ⅴ. 한국 측은 남북한 간 화해와 협력을 통해 상생·공영의 남북관계를
발전시켜 나가고자 하는 입장을 표명하였다. 중국 측은 남북한이 화
해·협력하고 남북관계를 개선하여, 궁극적으로 평화통일을 실현하
는 것을 계속 지지한다고 재천명하였다. 한국 측은 대만 문제 관련,
2008년 5월 「한·중 공동성명」에서 밝힌 입장을 재천명하고, 하나의
중국 정책을 계속 견지하기로 하였다.

Ⅵ. 양측은 양국관계 발전을 위하여 우선적으로 아래와 같은 구체사업
을 추진해 나가기로 하였다.

1. 정치 분야

(1) 양측은 양국 고위 지도자들의 빈번한 상호방문 및 접촉을 유지하
기로 합의하였다.

(2) 양측은 양국 외교부 간 제1차 고위급 전략대화를 2008년 내 개최
함으로써 양국의 공동이익과 관련된 중대 문제에 대해 의견을 교
환하는 전략 대화 체제를 가동하기로 하였다. 또한, 양국 외교부
간 실무급 업무 협의 체제를 정례화하여 대외정책 및 국제정세에
대한 의사소통을 강화하기로 하였다.

(3) 양측은 양국 전문 학자들로 하여금 한·중 교류 및 협력의 전면
적 추진에 관하여 공동연구를 추진하고 양국 정부에 관련 보고서
를 제출하는 방안을 추진하기로 하였다.

(4) 양측은 양국 국방 당국 간 고위급 상호 방문을 활성화하고, 상호
연락체제를 강화하며, 다양한 직급과 다양한 영역에서의 교류와
협력을 추진해 나가기로 하였다.

(5) 양측은 한·중 해양경계획정 문제를 조속히 해결하는 것이 양국
관계의 장기적이고 안정적인 발전을 위하여 중요한 의미가 있다
는 데 동의하고, 이를 위해 회담을 가속화하기로 하였다.

2. 경제 분야

(6) 양측은 2,000억 불 무역액 달성 목표를 2010년으로 앞당기기 위해
함께 노력하고, 이를 위해 무역 및 투자 원활화, 품질 검사·검역,
무역구제조치, 지적재산권 분야 등에 있어서 협력을 강화하여 나
가기로 하였다.

(7) 양측은 2008년 5월 정상회담 합의에 따라「한·중 경제통상 협력 비전 공동연구 보고서」의 보완·수정 작업을 계속해 나가기로 하였다.

(8) 양측은 경제무역을 확대하기 위하여 양국 경제무역 협의와 무역 실무 협력체제를 진일보 강화하기로 하였다.

(9) 양측은 환경보호, 에너지, 통신, 금융, 물류 등 중점 분야에서의 협력을 가일층 강화하기로 하였다.

(10) 양측은 상호 투자 확대가 양국의 호혜적 경제발전에 기여한다 는 데 인식을 같이하고, 이를 위해 정부 차원의 협력과 지원을 강화하고, 양호한 투자환경 조성을 위해 서로 노력하기로 하였 다.

(11) 양측은 한·중 FTA 산·관·학 공동연구 결과를 토대로 한·중 FTA 추진을 상호 이익의 원칙에 따라 적극 검토해 나가기로 하 였다.

(12) 양측은 2010년 상하이 세계박람회와 2012년 여수 세계박람회의 성공적인 개최를 위하여「중국 2010년 상하이 세계박람회 조직 위원회와 한국 2012년 여수 세계박람회 조직위원회 간 교류 양 해각서」등을 체결하여 상호 협력을 강화하고 경험을 공유하며 정보를 교환해 나가기로 하였다.

(13) 양측은 양국 정부 간 합의에 따라 고용허가제 노무협력을 가동 하고, 양국 노무자들의 합법적인 권익을 보장하기로 하였다.

(14) 양측은 금융 분야에서 호혜적인 협력 성과를 환영하고, 향후에 도 양국 금융기관의 상호 금융시장 진출과 관련하여 협력을 강 화해 나가기로 하였다.

(15) 양측은 유관 정부 및 기업 간「정보기술 혁신협력에 관한 양해 각서」를 체결하고, 이동통신 분야에서 기존 협력관계를 더욱 강

화·발전시켜 나가기로 하였다.

(16) 양측은 친환경적·자원 절약형 사회 건설을 위해 상호 적극 협력하기로 하였다.

(17) 양측은 지진, 쓰나미, 태풍 등 자연재해 대응 분야의 교류와 협력을 강화하기로 하였다.

(18) 양측은 「에너지절약 분야 협력에 관한 양해각서」를 체결하여, 에너지 절약 컨설팅, 인력 교류, 기술개발 등 협력을 추진하여 나가기로 하였다.

(19) 양측은 지구생태환경 보호의 중요성에 대해 공감하고, 「사막화 방지 과학기술협력 관련 양해각서」 체결을 통해 사막화방지를 위한 생명공학 분야 공동연구, 전문가 교류, 정보교환 등을 추진해 나가기로 하였다.

(20) 양측은 「무역투자정보망의 운영 및 유지 협력에 관한 양해각서」를 체결하고, 양국 간 무역투자정보망을 개통하여 최신 무역·투자 관련 정보를 제공해 나가기로 하였다.

(21) 양측은 「첨단기술 분야 협력에 관한 양해각서」를 체결하여 향후 5년 간 전자정보, 통신기술, 신에너지 등 분야에서 협력하고, 앞으로 첨단기술 협력 사업을 적극 발굴해 나가기로 하였다.

(22) 양측은 「수출입수산물 위생관리에 관한 약정서」 체결을 환영하고, 수산물수입의 검사 검역 강화, 관련 법률 정보교환, 수산물 검역을 위한 검사관 양국 상호 방문 보장 등 위생관리 협조를 강화해 나가기로 하였다.

3. 인적·문화 교류 분야

(23) 양측은 현재 연간 600만 명 수준인 인적 교류를 가일층 확대하고, 이를 위해 사증편리화 조치 검토를 포함하여 필요한 모든

편리를 제공하기로 하였다.

(24) 양측은 2010년 및 2012년을 각각 중국 방문의 해와 한국 방문의 해로 정하고, 관광을 비롯한 다양한 양자 교류 행사를 추진하여 양국 간 인적 교류를 촉진하기로 하였다.

(25) 중국 측은 주한 중국대사관의 광주 영사사무소를 총영사관으로 승격하기로 하였으며, 한국 측은 이를 환영하였다.

(26) 양측은 「한·중 교육교류약정」 개정을 통해, 정부 상호 초청 장학생을 각각 40명에서 각각 60명으로 확대하고, 매년 상호 초청을 통한 한·중 청소년 교류 프로그램을 실시하기로 하였다.

(27) 양측은 양국 문화계, 언론계, 우호도시, 학술계, 민간단체 간 교류 활성화를 통하여 상호 이해를 증진시켜 나가기로 하였다. 이와 관련, 양국 민간 부문에서 진행되고 있는 문화 및 언론 분야 교류행사와 역사·문화 등 분야에서의 양국 학술기관 간 교류를 지원하기로 하였다.

(28) 양측은 「중국 따오기 기증 및 한·중 따오기 증식·복원 협력 강화를 위한 양해각서」를 체결하여, 중국 측은 한국 측에 따오기 한 쌍을 기증하기로 하였고, 한국은 이에 사의를 표하였으며, 멸종 위기종인 따오기 복원을 위한 양국 간 협력을 강화하기로 하였다.

4. 지역 및 국제협력

(29) 양측은 6자회담 틀 내에서의 협의와 협력을 강화하여, 조기에 2단계 조치의 전면적이고 균형있는 이행을 촉진시키고, 9·19 공동성명을 전면적으로 이행하기 위한 건설적인 노력을 계속 경주하기로 하였다.

(30) 양측은 ASEAN+한·중·일, 한·중·일 협력, 동아시아정상회의

(EAS), 아세안 지역안보포럼(ARF), 아시아태평양 경제협력체(APEC), 아시아 협력대화(ACD), 아시아유럽회의(ASEM), 동아시아－라틴 아메리카포럼(FEALAC), 아시아－중동대화(AMED), 아시아－아 프리카정상회의 등에서의 조율과 협력을 유지하기로 하였다.

(31) 양측은 양국 외교부 간 유엔업무 협의 체제를 수립하여 유엔업 무에서의 상호 이해와 협력을 강화하기로 하였다.

(32) 양측은 국제 인권 분야에서의 대화와 협력을 추진해 나가기로 하였다.

(33) 양측은 대량파괴무기 확산 방지, 국제 테러리즘 대응, 마약, 금 융경제 범죄, 하이테크 범죄, 해적 등 문제에 대한 협력을 강화 하기로 하였다.

(34) 양측은 전 세계적인 공동 관심사인 기후변화 문제 해결을 위하 여 국제사회와 함께 계속 노력하기로 하였다.

Ⅶ. 양측은 상기 분야에서의 합의를 충실히 이행하기 위해, 양국 외교 부 간 고위급 전략대화, 경제무역공동위원회, 관광장관회의 등 양자 협의체를 통해 구체 계획을 세우고 이를 효과적으로 추진해 나가기 로 하였다.

Ⅷ. 중국 측은 후진타오 주석 방한기간 동안 한국 측이 보여준 따뜻한 우의와 환대에 사의를 표하였다.

2013.6.27. 베이징

박근혜 대한민국 대통령은 시진핑(習近平) 중화인민공화국 국가주
석의 초청으로 2013년 6월 27일부터 30일까지 중국을 국빈 방문하여 중
국 정부와 국민들의 성대한 환영과 따뜻한 영접을 받았다. 방문기간
중 박근혜 대통령은 시진핑 국가주석과 정상회담을 가졌으며, 리커창
국무원총리, 장더장 전인대 상무위원장과도 면담하였다.

양측은 1992년 수교 이래 양국관계 발전성과를 평가하고, 한 · 중관
계, 한반도 정세, 동북아를 포함한 지역정세 및 국제문제 등 상호 관심
사에 대해 심도 있는 의견 교환을 가졌으며, 한 · 중 간 전략적 협력 동
반자 관계를 신뢰에 기반하여 내실있게 발전시켜 나가기 위한 미래비
전을 제시하였다.

1. 양국관계 발전 방향 및 원칙

1-1. 양국관계 발전 평가
양측은 수교 이래 양국관계가 상호존중, 호혜평등, 평화공존, 선린우
호의 정신하에 제반 분야에서 눈부신 발전을 이루었다고 평가하였다.

양측은 양국 간의 역사적인 수교와 지난 20여 년간의 관계발전이 양
국의 번영, 양국민의 복지증진과 한반도의 평화와 안정, 그리고 아시아
의 공동 번영에도 기여해 왔다는 데 의견을 같이 하였다.

1-2. 양국관계 발전 방향

양측은 양국관계 발전성과를 토대로 양국 간 전략적 협력 동반자 관계를 양자 및 지역 차원뿐만 아니라 국제사회의 평화와 번영을 위한 협력 차원으로까지 더욱 진전시켜 나갈 필요성이 있다는 데 인식을 같이 하였다. 아울러, 양측은 앞으로 정치안보 분야의 협력과 경제통상, 사회문화 분야의 협력을 모두 대폭 발전시켜 나가기로 하였다.

이러한 방향으로 나아가는데 있어, 양측은 향후 5년간 함께 협력할 양국 신정부가 공히 국민 행복과 인류사회의 복지 증진을 국정목표의 우선순위로 두고 있다는 점이 중요한 추동력으로 작용할 것이라는 데에 의견을 같이 하였다.

1-3. 양국관계 발전 원칙

이러한 공통된 인식 하에, 양측은 향후 양국관계 발전의 기본 원칙으로 첫째, 상호이해와 상호신뢰 제고, 둘째, 미래지향적 호혜협력 강화, 셋째, 평등원칙과 국제규범의 존중, 넷째, 지역·국제사회의 평화안정과 공동번영 및 인류의 복지 증진에의 기여를 제시하였다.

2. 전략적 협력 동반자 관계의 내실화

2-1. 중점 추진 방안

이러한 기본 원칙을 바탕으로, 양측은 한·중 전략적 협력 동반자 관계를 신뢰에 기반하여 내실화하기로 하고, 이를 위해 다음 세 가지 방안을 중점적으로 추진해 나가기로 하였다.

첫째, 정치·안보 분야에서 전략적 소통을 강화한다.

이를 위해, 양국 지도자가 긴밀히 소통하고, 양국의 정부, 의회, 정당, 학계 등 다양한 주체간의 전략적 소통을 포괄적 · 다층적으로 추진하여 상호 전략적 신뢰를 가일층 제고한다.

이를 통해, 한 · 중관계 발전, 한반도와 동북아의 평화 · 안정, 지역협력 및 글로벌 이슈의 해결에도 함께 기여한다.

둘째, 경제 · 사회 분야에서 협력을 더욱 확대한다.

이를 위해, 기존 협력을 더욱 확대하는 동시에 새로운 협력 분야와 사업을 지속적으로 개발한다. 특히, 양측은 실질적인 자유화와 폭넓은 범위를 포괄하는, 높은 수준의 포괄적인 한 · 중 자유무역협정(FTA) 체결을 목표로 한다는 점을 재확인하였다. 양측은 모델리티 협상의 실질적 진전을 평가하고, 한 · 중 FTA 협상팀이 협상을 조속히 다음 단계로 진전시킬 수 있도록 노력을 강화할 것을 지시하였다.

아울러 양국 국민의 건강과 안전확보를 통한 삶의 질 제고를 위해 공동으로 노력하며, 새로운 성장동력을 조성하기 위한 교류협력을 증진시켜 나간다.

이를 통해, 양국의 호혜적 이익과 양 국민뿐만 아니라 인류의 복지증진에도 기여해 나간다.

셋째, 양 국민 간 다양한 형태의 교류를 촉진하고, 특히 인문유대 강화 활동을 적극 추진한다.

이를 위해, 학술, 청소년, 지방, 전통예능 등 다양한 인문분야에서 교류를 적극적으로 추진한다. 아울러 양국 간 공공외교 분야에서의 협력, 그리고 다양한 문화교류도 가일층 촉진시킨다.

이를 통해, 양국관계의 장기적, 안정적 발전의 기반이 되는 양 국민 간의 상호 이해와 신뢰를 제고한다.

2-2. 세부 이행계획

양측은 전략적 협력 동반자 관계의 내실화를 위한 상기 세 가지 중점협력 방안을 구체적으로 이행하기 위해, 이 공동성명의 첨부 부속서를 통해 아래와 같은 다섯 가지 사항을 중심으로 하는 세부 이행계획을 제시하였다.

첫째, 정상 및 지도자 간 빈번한 상호방문과 회담, 서한 교환, 특사 파견, 전화 통화 등 방식으로 상시적 소통을 추진한다. 한국의 청와대 국가안보실장과 중국의 외교담당 국무위원 간 대화체제를 구축한다. 외교장관 상호방문의 정례화 및 핫라인의 구축, 외교차관 전략대화의 연간 2회 개최, 외교안보대화, 정당 간 정책대화, 양국 국책연구소 간 합동 전략대화 등을 추진한다.

둘째, 거시경제정책 공조와 국제금융위기 등 외부경제위험에 대한 공동대처 등 경제통상 협력을 더욱 강화하고, 정보통신, 에너지, 환경, 기후변화 등 미래지향적인 분야에서의 협력사업을 지속 개발한다. 또한, 보건의료, 식품안전, 인구구조 변화 등 사회분야에서도 발전 경험을 공유하기 위해 다양한 협의채널 확충 등의 노력을 강화한다.

셋째, 인문유대 강화를 위한 정부 차원의 협의기구로서 '한·중 인문교류 공동위원회'를 설치하고, 동 공동위를 연례 개최하여 관련 협력사업 계획을 수립하고 그 이행을 지도한다. 또한, 교육, 관광, 문화, 예술, 스포츠 등 분야에서의 다양한 교류를 강화한다. 아울러, 이 분야에서의 교류협력을 제3국으로 확대하는 데에도 협력해 나간다.

넷째, 양 국민 간 교류과정에서 국민에 대한 편의 제공과 권익 보호 등 분야에서 영사 협력을 강화한다.

다섯째, 지역 및 국제무대에서의 협력을 강화한다.

3. 한반도

한국 측은 한반도의 긴장을 완화시키고 지속가능한 평화를 구축하기 위한 "한반도 신뢰프로세스" 구상을 설명하였다. 이에 대해 중국 측은 박근혜 대통령이 주창한 "한반도 신뢰프로세스" 구상을 환영하고, 남북관계 개선 및 긴장 완화를 위하여 한국 측이 기울여온 노력을 높이 평가하였다.

양측은 한국과 북한이 한반도 문제의 직접 당사자로서 당국 간 대화 등을 통해 한반도 문제 해결을 위하여 적극적인 역할을 해야 한다는데 의견을 같이 하였다.

한국 측은 북한의 계속되는 핵실험에 대해 우려를 표명하고, 어떤 상황에서도 북한의 핵보유를 용인할 수 없음을 분명히 하였다. 이와 관련, 양측은 유관 핵무기 개발이 한반도를 포함한 동북아 및 세계의 평화와 안정에 대한 심각한 위협이 된다는 점에 인식을 같이 하였다. 양측은 한반도 비핵화 실현 및 한반도 평화와 안정 유지가 공동이익에 부합함을 확인하고 이를 위하여 함께 노력해 나가기로 하였다.

양측은 안보리 관련 결의 및 9·19 공동성명을 포함한 국제 의무와 약속이 성실히 이행되어야 한다는데 인식을 같이 하였다.

양측은 6자회담 틀 내에서 각종 형태의 양자 및 다자대화를 강화하고, 이를 통하여 한반도 비핵화 실현 등을 위한 6자회담의 재개를 위해 긍정적인 여건이 마련되도록 적극 노력하기로 하였다.

한국 측은 한반도 평화와 안정을 위한 중국 측의 노력을 평가하고, 한반도에서의 새로운 변화를 통해 동 지역의 평화와 안정이 증진될 수 있도록 중국 측이 건설적인 기여를 해 줄 것을 희망하였다. 중국 측은 남북한 양측이 대화와 신뢰에 기반하여 관계를 개선하고 궁극적으로 한민족의 염원인 한반도의 평화통일 실현을 지지한다고 표명하였다.

4. 대만

중국 측은 세계에 하나의 중국만이 있으며, 대만은 중국 영토의 불가분의 일부분임을 재천명하였다. 한국 측은 이에 대해 충분한 이해와 존중을 표시하고, 중화인민공화국 정부가 중국의 유일 합법정부라는 것과 하나의 중국 입장을 계속 견지해 나가기로 하였다.

5. 지역 · 국제무대 협력

5-1. 한 · 중 · 일 3국 협력
양측은 한 · 중 · 일 3국 협력이 3국 각자의 발전에는 물론 동북아의 평화와 공동 번영에 매우 중요한 역할을 하고 있다고 평가하였다. 이를 위해, 양측은 3국 정상회의를 정점으로 하는 3국 협력체제가 안정적으로 발전해 나가야 한다는 데 인식을 같이 하고, 금년 제6차 3국 정상회의가 성공적으로 개최될 수 있도록 공동 노력하기로 하였다.

5-2. 동북아 평화협력 구상

양측은 아시아 지역이 경제 발전과 상호의존의 확대에도 불구하고 정치·안보 협력은 이에 미치지 못하는 역설적인 현상에 직면하고 있고, 특히 최근에는 역사 및 그로 인한 문제로 역내국가 간 대립과 불신이 심화되는 불안정한 상황이 지속되고 있는데 대해 우려를 표명하고, 역내 신뢰와 협력의 구축이라는 공통의 목표를 달성하기 위해 노력하기로 합의하였다. 이러한 맥락에서 중국 측은 박근혜 대통령이 제시한 '동북아 평화협력 구상'에 대해 적극적으로 평가하고 원칙적으로 지지한다는 입장을 표명하였다.

5-3. 지역 및 국제이슈에 대한 협력

양측은 지역의 안보 증진과 공동번영을 위해 함께 노력하기로 하였다. 또한 양측은 국제사회의 안전과 인류의 복지에 새로운 위협이 되고 있는 대량파괴무기 확산, 국제 테러리즘, 사이버 범죄, 마약, 해적, 금융 범죄, 하이테크 범죄, 원자력 안전 등 국경을 초월한 각종 범세계적 문제의 해결을 위해 상호 협력을 강화해 나가기로 하였다. 이를 위해 양측은 양국이 지역 및 국제 협력체에서도 아래와 같이 긴밀히 협력해 나가기로 하였다.

첫째, 개방적 지역협력을 더욱 확대해 나갈 필요성에 공감하고, ASEAN+한·중·일, 동아시아정상회의(EAS), 아세안지역안보포럼(ARF), 아시아태평양경제협력체(APEC), 아시아유럽정상회의(ASEM) 등에서 정책적 조율과 협력을 계속 유지한다.

둘째, 유엔 헌장의 정신을 존중하고 국제사회의 평화와 공동번영, 인권 존중을 위한 업무에 관해 협력을 더욱 긴밀화한다. 2013~14년 한국의 유엔 안보리 비상임이사국 수임을 계기로 양국 간 유엔 차원의 협력을 강화해 나가기로 한다.

셋째, 세계경제의 견실하고 지속가능한 균형성장을 이룩하기 위해 G20을 포함한 국제경제협력체제에서 협력을 더욱 강화해 나간다. 또한, 한·중·일 자유무역협정(FTA), 역내 포괄적 경제동반자협정(RCEP) 등 동아시아 자유무역협정 논의 과정에서 긴밀히 협력해 나간다.

【부속서】
한중 전략적 협력 동반자 관계 내실화 이행계획

1. 정치 협력 증진

[전략대화의 포괄적 강화]
양측은 기존 대화채널의 활성화와 다층적인 대화채널 신설을 통해 양국 간 전략대화를 포괄적으로 강화한다.

양측은 양자방문 및 국제회의 계기를 충분히 활용하고, 상호 서한·전보 교환, 특사 파견, 전화 통화 등 방식을 통해 양국 정상 및 지도자 간 소통을 더욱 강화하고, 공동 관심사에 대한 논의를 심화시킨다.

양측은 한국의 청와대 국가안보실장과 중국의 외교 담당 국무위원 간 대화체제를 구축한다.

양측은 외교장관 간 상호 교환방문 정례화를 추진하고, 외교장관 간 핫라인을 가동하여 전략적 사안에 대한 협의를 강화한다.

양측은 외교차관 전략대화를 연 1회에서 연 2회로 확대하고, 전략적 사안에 대한 논의를 심화시킨다.

양측은 외교안보대화를 추진한다.

양측은 양국 정당 간의 국정경험 공유 등을 위한 정당 간 정책대화 설립을 지원한다.

양측은 양국 국책연구소 간 합동전략대화를 연례적으로 개최한다.

[한 · 중 주요 현안]
양측은 양국 간 해양경계를 획정하는 것이 양국관계의 장기적 및 안정적 발전과 해양협력을 추진해 나가는데 매우 중요하다는 점을 재확인하고, 해양경계획정 과정을 추진하기 위해, 해양경계획정 협상을 조속히 가동하기로 한다.

양측은 한 · 중 어업공동위 등 어업문제에 관한 기존 협의체가 원만히 운영되고 있음을 긍정적으로 평가하고, 한 · 중 외교 당국이 주관하는 어업문제협력회의가 정례화된 것을 환영하면서, 양측은 상호 협의 하에 어업자원 보호와 조업질서 강화를 위해 소통과 협력을 지속 증진하고, 양국 어업수산 및 유관기관 간에 공동단속 등 협조체제를 강화하고, 한 · 중 수산협력 연구체제를 구축하고, 수산고위급 회의를 포함한 인적 · 기술적 교류를 확대한다.

양측은 역사 연구에 있어서 상호 교류와 협력을 통해 양국관계 증진에 기여할 수 있도록 노력한다. 이와 관련하여 양측은 양국 학계 간에 사료의 발굴과 열람 그리고 연구 등 방면에서 상호 교류와 협력을 전개해 나가는 것을 장려하기로 한다.

2. 경제 · 통상 협력 확대

[무역 · 투자]
양측은 지역 및 세계 경제 현황을 평가하고, 상생의 발전과 성장을 위해 거시경제정책 공조를 강화하고, 대외경제 위험에 공동 대응해 나가고, 보호무역주의에 반대한다.

양측은 「한 · 중 경제통상협력 수준 제고에 관한 양해각서」 체결을 통해 양국 간 통상협력을 강화한다.

양측은 2015년까지 무역액 3,000억 불 목표를 달성하기 위해 양국 간 무역을 지속 확대한다. 양측은 점진적으로 무역균형을 이루어 나가도록 적극 노력한다. 또한, 상대 국가가 주최하는 각종 전시회를 적극 지지하고, 보다 많은 기업들의 참여를 독려한다.

양측은 높은 수준의 포괄적인 한 · 중 자유무역협정(FTA)의 체결이 미래 양국 경제통상 관계 발전의 제도적 기반을 마련하고, 나아가 양국 간 전략적 신뢰 구축에도 크게 기여한다는 점에 인식을 함께 하고 협상 진전을 위한 노력을 강화해 나간다. 또한, 양측은 한 · 중 · 일 자유무역협정(FTA), 역내 포괄적 경제동반자협정(RCEP), 아태무역협정 협상, 광역두만개발계획(GTI), 한 · 중 · 일 환황해 경제기술교류 회의 등 아시아 지역 경제통합 과정에서도 긴밀히 협조한다.

양측은 세계무역기구(WTO)의 다자무역체제에 대한 지지를 재확인하며, 도하라운드의 추진 및 다자무역체제의 양호한 발전을 위해 지속 노력한다. 양측은 무역·투자 증가에 따른 통상 협력을 증진시켜 나갈 필요가 있다는 인식하에, 한·중 투자협력위원회 개최 등 다양한 계기에 양국 통상장관 회담 개최, 국장급 통상협력 조율기제 구축 등 양국 간 통상투자 협력을 강화한다.

양측은 양국의 지방정부가 다양한 계층과 형식으로 지방경제협력을 강화하고, 산업협력단지 조성 지지를 통해 지방경제 발전을 이끌도록 한다.

양측은 지속적으로 양호한 투자환경 조성을 위해 협력하고, 상호 투자 확대를 위한 노력을 강화한다. 중국기업의 한국 투자와 한국기업의 중국 투자, 특히 신흥산업 분야, 중국 중서부지역 및 동북지역에 대한 상호투자를 확대하기 위해 공동 노력하고, 한국기업의 중국 신형 도시화 발전전략 참여를 지원한다.

양측은 한·중 경제장관회의, 한·중 경제·무역 및 기술협력 공동위원회, 무역실무 회담 등 주요 경제협의체를 보다 활성화하고, 새로운 협력분야를 지속적으로 개발한다.

양측은 브랜드 및 마케팅 네트워크 구축 분야의 협력을 강화하고, 기업 교류 및 교육 등 행사를 공동 개최한다.

양측은 하이테크 분야의 협력을 강화하고, 한·중 기술 전시상담회를 계속해서 번갈아가며 개최한다.

양측은 한·중 고용허가제 관련 협력을 더욱 강화한다.

양측은 양국 간 무역 및 투자 증진에 더 우호적인 환경을 만들기 위해 기업의 사회적 책임(CSR) 활동이 중요하다는 점에 인식을 함께 하고, CSR 활동을 적극 추진한다. 양측은 재한 중국상회 및 재중 한국상회의 업무를 지지하고, 관련 부처에서는 상회 및 투자기업과 비정기적인 좌담회를 갖고 의견 및 건의를 청취한다.

양측은 「대한민국 수출입 안전관리 우수공인업체 제도와 중화인민공화국 해관기업분류관리제도의 상호인정에 관한 약정」 체결을 환영하고, 향후 양국 기업의 통관 원활화와 교역 확대에 기여할 수 있기를 기대한다.

[미래지향적 협력 분야]
양측은 정보통신분야에서의 협력을 강화해 나가기 위해 한국 미래창조과학부와 중국 공업정보화부 간 「한 중 정보통신 협력 장관급 전략대화」를 신설하여 정례적으로 개최하고, 정보통신, 사이버 안보, 인터넷 주소자원 관리, 국가정보화, 클라우드 컴퓨팅 등 양측이 공동 주목하는 중요 의제에 대해 논의하고 교류한다.

양측은 양국 연구기구 및 기업 간에 특히 차세대 이동통신 분야의 육성을 위해 5G 이동통신 표준 및 신서비스 발굴 등에서 상호 협력을 강화하기로 한다.

양측은 과학기술분야에서의 협력을 강화하기 위해 한국 미래창조과학부 등과 중국 과학기술부 등 간의 대기과학, 해양, 생명과학, 신소재, 정보통신기술(ICT) 등 과학기술 분야의 전략적 대형 공동연구를 강화하여 그 성과를 공유해 나가기로 한다. 또한, 중대한 기초과학분야 연구기관 간 교류 협력을 추진한다.

양측은 「응용기술 연구개발 및 산업화 협력 강화에 관한 양해각서」체결을 통해, 신소재, 신재생에너지, 바이오 등 전략적 신흥산업 분야에서의 기술 협력, 공동 R&D 확대 등의 협력을 강화하고, 기업협력혁신센터 공동 설립을 장려한다.

양측은 「에너지절약 분야 협력 강화에 관한 양해각서」를 체결하여한・중 양국의 에너지 절약 분야 협조 메커니즘 구축을 추진하고, 연구기관 간 공동연구 등 에너지절약 및 에너지효율 분야에서의 구체적 협력사업을 발굴하여 공동 추진한다.

양측은 친환경도시, 스마트 도시 건설 관련 기술 경험 공유 및 시범사업 등 지속 가능한 도시개발 분야에서의 협력을 강화한다.

양측은 적절한 시기에 양국 항공회담을 개최하여 양자 간 항공운송시장의 추가 확대 가능성에 대해 논의한다.

양측은 양국 간 무역에서 역내통화결제를 촉진하고, 금융 및 통화부문 협력을 강화해 나가기로 합의하였다. 한・중 양국은 2011년 10월 3,600억 위안(64조 원) 규모로 확대체결된 한・중 통화스왑협정이 금융시장을 안정시키고, 양국 상호간의 무역 및 경제발전을 진전시키는데 기여하였다는데 인식을 같이 한다. 양국은 2014년 10월 통화스왑 협정 만기 도달 시 만기를 연장하고, 이후 스왑계약의 존속기간(duration)을 연장하는 데 대해서도 추가적으로 고려하기로 합의한다. 양국은 앞으로 국제금융시장상황, 교역규모, 역내 통화 결제의 진전 등을 감안하여 필요시 통화스왑협정의 규모를 확대하기로 한다.

양측은 양국 기업의 제3국 공동 진출을 활성화하기 위한 「한·중 수출입은행간 공동 금융 지원에 관한 상호리스크참여약정(RRPA)」 체결을 환영한다. 또한 치앙마이 이니셔티브의 다자화(CMIM) 등 역내금융 협력 분야에서 그간의 진전을 환영하고, 협력을 보다 강화한다. 양측은 대기환경, 황사, 생물다양성 및 환경산업 분야에서 교류와 협력을 강화한다. 양측은 기후변화 대응에 관한 양자 및 다자 협력의 중요성에 인식을 같이하고, 기후변화협상에 대한 의견교환 및 협력모색을 위한 정례대화 개최 및 양국 국내 기후변화대응정책에 관한 교류와 협력을 전개하기로 합의하고, 해당분야에서의 다양하고 실질적인 호혜 협력사업을 발굴하여 추진해 나간다.

양측은 해양과학 연구, 해양환경보호, 해양경제, 극지 연구, 대양 탐사 및 개발, 해상 법집행 등 해양분야의 협력 및 공동연구를 추진한다.

양측은 동북아지역 역내 원전의 안전증진을 위한 협력 필요성에 인식을 같이 하고 정보 공유, 기술협력, 사고 시 조기통보 등 협력 체제를 강화하기 위해 상호 노력한다.

양측은 기존의 협력 기초위에서 지식재산권분야의 교류 협력을 더욱 강화하고, 지식재산권의 창출·활용·보호·관리에 관한 호혜적인 협력사업을 추진한다.

양측은 한·중 사회보장협정의 원활한 이행을 위해 지속 협력한다.

양측은 양국 의료기관 간 협력, 건강보험 운영경험 공유, 기초의학과 전통의학 교류 및 협력 등 보건의료 분야의 교류 협력을 활성화하고, 신변종 감염병의 대유행 예방 및 전파 차단을 위한 정보 공유, 인력교류 및 공동대응체계 구축 등에 지속 협력하기로 한다.

양국은 보건의료 교류를 지원하고 양국 환자의 안전을 보호하기 위한 소통기제를 구축해 나가는데 협력하기로 한다.

양측은 인구구조의 급속한 고령화 추세에 대비하여 노후소득보장체계 구축 등 사회복지 정책분야 협력을 확대하고, 고령친화 산업·항노화 공동연구 등 고령화 대응을 위한 기술개발 협력을 강화해 나가기로 한다. 양측은 양국 간 현지 실사제 도입과 긴급대응체계 구축 등 식품안전 확보와 위해요인 차단을 위한 협력을 강화하고, 의약품·의료기기 분야 GMP 상호인증 등을 위한 국장급 협의체를 설치·운영한다.

양측은 농촌개발을 포함한 양국 농업 및 농촌 경제정책에 대해 교류하고, 가축전염병 방역공조, 농업 과학기술 및 위생검역 분야 협력을 강화한다. 양측은 어업자원 보존 및 관리 정책 공유 등 수산분야 협력을 촉진한다.

3. 인적 · 문화적 교류 강화

[인문유대 강화]

양측은 한 · 중 전략적 협력 동반자 관계를 더욱 높은 수준으로 발전시켜 나가기 위해서는 양 국민 간의 심적 거리를 단축시키고 보다 돈독한 신뢰를 구축하는 것이 매우 중요하다는 데에 인식을 같이 하고, 이를 위해 한 · 중 간 인문유대를 강화해 나간다. 양측은 한 · 중 인문유대 강화를 위한 정부 차원의 협의 기구로서 양국 외교부 차관급을 수석대표로 하는 '한 · 중 인문교류 공동위'를 출범시키고, 향후 동 공동위를 매년 개최하여 관련 구체사업들을 심의, 확정하고 그 이행을 지도한다.

[인적 교류 지원, 관광, 스포츠, 자연]

양측은 한 · 중 관계의 미래를 짊어지고 나갈 양국 청소년 간 교류의 중요성을 재확인하고, 향후 청소년 교류를 대폭 확대시켜 나가기 위한 구체 방안을 협의해 나간다.

양측은 양국의 학생이 상대방 국가에서 공부하고 연수하는 것을 장려하며, 장학금 유학생 상호 교환을 위해 지속적으로 노력한다.

양측은 중학생 상호 교환 교류를 지속적으로 추진한다.

양측은 양국 대학 간 협력을 중요시하며, 양국 대학생 간 교류를 지속적으로 내실화한다.

양국은 한국어의 해, 중국어의 해 상호 지정을 통해 양국에서의 상대국 언어에 대한 이해 제고와 언어 관련 교류 사업 활성화를 위해 협력한다.

양측은 원어민 중국어 보조교사 초청 및 한국교사의 중국 파견에 대해서 상호 협력을 강화한다.

양측은 양국 간 공공외교 분야의 협력 확대를 통해 양국 국민들이 상대국에 대한 이해와 인식을 제고할 수 있도록 금년에 한 · 중 공공외교포럼을 신설한다.

양국은 한 · 중 문화관계의 지속적인 발전을 위해 적극적으로 노력한다.

양측은 문화 · 예술단의 계기별 상호방문을 장려하고, 예술 분야의 공동 창작을 육성한다. 한 · 중 문화산업포럼을 조속히 개최하고, 양국 문화산업 협력을 지속적으로 추진한다.

양측은 영화, TV프로그램, 게임, 뮤지컬 등 문화산업 분야의 협력을 추진하고 공동제작 및 유통을 강화한다.

양측은 한 · 중 문화협력협정의 틀 안에서 차기 문화교류 시행계획 체결을 추진한다.

양측은 한 · 중 간 지방차원의 인적 · 문화적 교류 협력을 더욱 확대한다.

양측은 양국이 서로에게 중요한 관광시장이고, 지속적이고 건전한 관광발전이 양국 국민정서 증진과 상호 우호관계 발전에 중요한 역할을 했다는 것을 인식하였다. 양측은 또한 관광업계간 협력 확대를 지속적으로 장려하는데 인식을 같이 하였다.

양측은 스포츠 분야 교류를 강화한다. 중국 측은 한국의 2013년 실내무도 아시안게임, 2014년 아시안게임, 2018년 평창 동계올림픽 개최를 적극 지지하며, 한국 측은 중국 측의 2013년 아시아 청소년게임, 2013년 동아시아 경기대회, 2014년 청소년 올림픽 개최를 적극 지지한다. 양측은 한·중 청소년 스포츠 교류 대회, 한·중 대중스포츠 교류 행사를 개최한다. 양측은 「따오기 보호·협력에 관한 양해각서」를 체결하여, 한국 측에 따오기 2마리를 기증하고, 멸종 위기종 복원을 위한 양국 간 협력을 강화한다.

4. 영사 분야 협력 확대

양측은 이번 정상회담 계기에 양국이 「외교관 여권 소지자에 대한 상호 사증면제에 관한 협정」을 체결한 것을 환영하고, 중장기적으로 상호 사증면제범위 확대를 위해 노력한다.

양측은 양국 국민 간 교류과정에서 더 많은 법적 보장을 제공하기 위해 양국 영사협정의 조속한 체결을 위해 적극 노력한다.

양측은 상호 재외국민보호를 위해 상대국내 자국 공관을 포함한 당국 간 상호협력을 강화한다.

5. 지역 및 국제무대에서의 협력 추진

양측은 전략적 관점과 장기적 시각에서 한·중·일 3국 협력을 바라보고, 그간의 협력 성과를 바탕으로 한 3국 간 신뢰구축이 긴요하다는 점에 인식을 같이 한다. 그러한 측면에서 양측은 3국 협력체제의 안정적 발전 및 3국 협력 사무국의 기능과 역할을 보다 강화하는 것을 검토해 나가기로 한다. 양측은 3국 협력의 미래방향으로서 경제통합을 추진하고, 지속가능한 발전 협력을 강화하고, 인문사회 교류 및 지방협력을 확대하는 한편, 3국 및 지역의 평화 안정·번영에 기여한다.

양측은 범세계적 문제 해결을 위한 유엔 역할의 중요성을 재확인하고, 유엔 업무에서의 긴밀한 협력을 유지하기로 한다.

양측은 유엔헌장의 취지와 원칙을 존중하는 전제하에, 유엔개혁이 유엔의 투명성, 민주성, 대표성을 제고하는 방향으로 이루어질 수 있도록 계속 해서 긴밀히 협의한다.

양측은 ASEAN+한·중·일, 동아시아정상회의(EAS), 아세안지역안보포럼(ARF), 아시아태평양경제협력체(APEC), G20, 아시아협력대화(ACD), 아시아유럽회의(ASEM), 동아시아－라틴아메리카협력포럼(FEALAC) 등 다자협의체에서의 조율과 협력을 유지한다. 한국은 2014년 중국에서 개최되는 제22차 APEC 정상회의의 성공적 개최를 위해 협력한다.

양측은 개발협력 분야에서 대화와 교류를 유지하고 개발도상국의 의사를 존중하는 것을 기초로, 개발도상국 농업 및 농촌 발전에 기여할 수 있는 개발협력 가능성을 연구, 검토한다.

양측은 대량파괴무기 확산, 국제 테러리즘, 사이버 범죄, 마약, 해적, 금융 범죄, 하이테크 범죄, 원자력 안전 등 문제를 방지하는 데 대한 협력을 강화한다.

양측은 금년 서울 개최 세계 사이버스페이스 총회와 대구 개최 세계 에너지총회(WEC)의 성공적 추진을 위해 협력한다.

6. 정상회담 계기 체결 문건

양측은 이번 정상회담 계기에「대한민국 정부와 중화인민공화국 정부 간의 외교관 여권 소지자에 대한 상호 사증면제에 관한 협정」,「대한민국 산업통상자원부와 중화인민공화국 과학기술부 간의 응용기술연구개발 및 산업화 협력 강화에 관한 양해각서」,「대한민국 해양수산부와 중화인민공화국 국가해양국 간의 해양과학기술협력에 관한 양해각서」,「대한민국 산업통상자원부와 중화인민공화국 상무부 간의 한·중 경제통상협력 수준 제고에 관한 양해각서」,「대한민국 환경부와 중화인민공화국 임업국 간 따오기 보호·협력에 관한 양해각서」,「대한민국 관세청과 중화인민공화국 해관총서 간 대한민국 수출입 안전관리 우수공인업체 제도와 중화인민공화국 해관기업분류관리제도의 상호인정에 관한 약정」,「대한민국 수출입은행과 중화인민공화국 수출입은행간 공동 금융 지원에 관한 상호리스크참여약정」,「대한민국 산업통상자원부와 중화인민공화국 국가발전개혁위원회 간 에너지절약 분야 협력 강화에 관한 양해각서」를 체결한 것을 환영하였다.

8　시진핑 중국 주석 국빈 방한 계기 한·중 공동성명

2014.7.3. 서울

1. 시진핑(習近平) 중화인민공화국 국가주석은 박근혜 대한민국 대통령의 초청으로 2014년 7월 3일부터 4일까지 한국을 국빈 방문하여 한국 정부와 국민들로부터 성대하고 뜨거운 환영을 받았다. 방문 기간 동안 시진핑 국가주석은 박근혜 대통령과 정상회담을 가졌으며, 정의화 국회의장, 정홍원 국무총리와도 각각 면담하였다.

2. 양 정상은 한중 양국이 1992년 수교 이래 다양한 분야에서 비약적으로 관계를 발전시켜 왔으며, 이러한 관계 발전은 양국 간 호혜적 이익 증진과 동북아시아 지역의 공동 번영에 기여해 왔다는 데 인식을 같이 하였다. 양 정상은 한중 양국이 2013년 박근혜 대통령의 국빈 방중과 2014년 시진핑 주석의 국빈 방한을 통해 전략적 협력 동반자 관계 내실화 목표의 완성을 향해 착실히 나아가고 있다는 데 대해 의견을 같이 하였다.

3. 양 정상은 2013년 6월 '한중 미래비전 공동성명'이 제시한 양국관계 발전의 청사진에 따라, 지난 1년여간 ▲양국 지도자 간 소통을 긴밀히 유지하고, 각 급에서의 다양한 전략대화 메커니즘을 신설하는 등 이전에 볼 수 없었던 높은 수준의 전략적 소통 관계를 구축하였으며, ▲창조와 혁신을 원동력으로 하는 새로운 경제 체제 구축과 관련한 협력을 증진하고, 양국 경제협력의 제도적 기반을 착실히 다져 왔으며, ▲인문유대 사업 활성화, 공공외교 분야 협력 개시, 교육·문화 교류 강화 등을 통해 인적·문화적 교류의 깊이와 폭을 심화·

확대하여 왔다는 데 인식을 같이 하였다.

4. 양측은 한국과 중국이 동북아 지역의 가깝고 중요한 이웃이자 동반자로서, 공동발전을 실현하는 동반자, 지역 평화에 기여하는 동반자, 아시아의 발전을 추진하는 동반자, 세계 번영을 촉진하는 동반자가 되기 위해 「한중 미래비전 공동성명」과 금번 「공동성명」을 토대로 양국관계의 미래를 다음과 같은 방향으로 발전시켜 나가기로 합의하였다.

첫째, 상호 신뢰를 바탕으로 각 급에서 공동의 관심사 및 중·장기적 문제를 수시로 긴밀하게 논의하는 성숙한 전략적 협력 동반자 관계를 구축한다. 한반도와 동북아의 평화와 안정의 증진을 위한 협력을 강화해 나간다.

둘째, 함께 창조와 혁신을 통해 미래지향적인 전략적 경제통상 및 산업협력을 확대하고, 양국 국민의 삶의 질을 지속적으로 향상시켜 나가며, 동아시아 지역 경제통합 및 세계경제 회복을 추진하기 위해 양국이 함께 노력함으로써 지역 및 세계 경제 성장에 있어서 견인차 역할을 해 나간다.

셋째, 쌍방향적이고 국민체감적인 인적·문화적 교류를 통해 양 국민 간 정서적 유대감을 심화함으로써, 마음과 마음이 서로 통하는 신뢰관계를 구축해 나간다.

넷째, 양국 정부와 국민 간 상호 이해와 신뢰를 기초로, 지역 및 국제사회의 다양한 문제에 대한 협력을 가일층 강화해 나감으로써, 동북아 지역의 평화와 안정은 물론, 세계의 발전과 공동 번영에도 기여해 나간다.

5. 이를 위해 양 정상은 다음과 같은 주요 사업 추진에 합의하였으며, 분야별 세부사업은 본 「공동성명」의 부속서에 명기하기로 하였다.

정치·안보 분야에서는 양국 지도자 간 상호 방문 및 한국 청와대 국가안보실장과 중국 외교담당 국무위원 간 외교안보 고위전략대화를 정례화하고, 양국 외교장관 간 연례적인 교환 방문을 정착시키며, 양국 정부와 민간이 함께 참여하는 1.5트랙 대화 체제를 설치하고, 양국의 미래를 이끌어 나갈 청년 지도자들이 참여하는 한·중 청년 지도자 포럼을 정례적으로 개최한다. 양국 국방·군사관계의 양호한 발전 추세를 유지하고, 상호 이해와 신뢰를 부단히 증진하며, 역내 평화와 안정 유지에 기여해 나간다. 또한, 2015년에 해양경계획정 협상을 가동하기로 한다.

미래지향적 호혜협력 분야에서는 높은 수준의 포괄적인 한·중 자유무역협정(FTA)을 체결하기 위한 협상의 진전을 긍정적으로 평가하고, 연말까지 협상을 타결하기 위한 노력을 강화한다. 자국 통화 결제를 활성화하는 것이 양국 간 경제·무역 발전에 이익이 된다는 데 인식을 같이 하고, 원화와 위안화 간 직거래 체제를 구축하기 위해 적극 노력하며, 한국 서울에 위안화 청산체제를 구축하고, 중국 측은 한국 측에 800억 위안 규모의 위안화 적격해외기관투자자(RQFII) 자격을 부여하기로 합의한다. 아울러, 국민 위생 및 안전을 위하여 미세먼지 등 대기오염 감축, 사고·천재지변 등에 대한 긴급구호·지원, 원전 안전, 구제역·조류인플루엔자 등을 포함한 동물질병과 인체감염병 대처 등에 있어서의 협력을 강화하고, 기후변화 대응 및 해양 분야의 협력을 확대·심화해 나간다.

인적·문화적 교류 분야에서는 「대한민국과 중화인민공화국 간의 영사협정」 체결을 계기로, 양국 인적왕래의 법률적 기초를 가일층 다지고, 양국 영사관계 및 협력의 수준을 제고한다. 2015년과 2016년을 각각 "중국 관광의 해"와 "한국 관광의 해"로 지정하고, 양측 간 합의된 2014년 인문교류 세부사업을 공동 추진하며, 교육 및 청소년 분야의 교류와 협력을 강화하고, 관용·공무 여권 소지자에 대한 상호 사증면제 협정 문안 합의를 환영하며, 사증면제 범위의 단계적 확대 방안을 적극적으로 협의해 나가기로 한다. 지방정부 간 교류와 협력을 활성화하고, 2016년까지 양국 간 인적교류 1000만 명 목표를 실현하기 위해 노력한다. 양국의 유관기관 등이 판다 공동연구를 실시하는 것을 지지하기로 한다. 「대한민국 정부와 중화인민공화국 정부 간의 영화 공동제작에 관한 협정」을 체결한다.

6. 양측은 한반도에서의 핵무기 개발에 확고히 반대한다는 입장을 재확인하고, 한반도 비핵화 실현과 한반도의 평화와 안정 유지가 6자회담 참가국들의 공동의 이익에 부합되며, 관련 당사국들이 대화와 협상을 통하여 이러한 중대한 과제를 해결해야 한다는 데 인식을 같이 하였다.

양측은 6자회담 참가국들이 2005년 9월 19일에 합의한 9·19공동성명 및 유엔 안보리 관련 결의들을 성실히 이행해야 한다는 데 입장을 같이 하였다.

양측은 한반도 비핵화 실현을 위하여 관련 당사국들이 6자회담 프로세스를 꾸준히 추진하며, 이 과정에서 관련 당사국들이 상호 존중의 정신하에 양자 및 다자 간 소통과 조율을 강화하고, 9 · 19 공동성명에 따른 관련 당사국들의 관심사항을 해결해야 한다는 데 인식을 같이 하였다.

양측은 6자회담 참가국들이 공동인식을 모아 6자회담 재개를 위한 조건을 마련해야 한다는데 견해를 같이 하였다. 양측은 6자회담 수석대표 간 다양한 방식의 의미 있는 대화를 통해 한반도 비핵화의 실질적 진전을 이루기 위해 노력하는 것을 지지하였다.

7. 한국 측은 한반도 신뢰프로세스를 통해 남북 간 상호 신뢰를 형성함으로써 남북 관계를 발전시키고 한반도에 평화를 정착시키기를 희망하였다. 또한, 남북한 주민들의 인도적 문제 해결, 남북한 공동번영을 위한 민생 인프라 구축, 남북 주민 간 동질성 회복을 위한 노력이 한반도 평화통일과 동북아의 공동 번영에 기여하게 될 것임을 강조하였다.

이와 관련하여, 중국 측은 남북 관계 개선을 위해 기울인 한국 측의 노력을 적극적으로 평가하였다. 또한, 남북이 대화를 통해 관계를 개선하고 화해와 협력을 해 나가는 것을 지지하고, 한반도의 평화적 통일에 대한 한민족의 염원을 존중하며, 궁극적으로 한반도의 평화적 통일이 실현되기를 지지하였다.

아울러, 양측은 이 지역의 평화와 협력, 신뢰 증진 및 번영을 위하여 양자 · 다자 차원에서의 협력을 강화하고 소지역 협력을 검토해 나가기로 하였다.

8. 중국 측은 세계에 하나의 중국만이 있으며, 대만은 중국 영토의 불가분의 일부분임을 재천명하였다. 이에 대해 한국 측은 충분한 이해와 존중을 표시하고, 중화인민공화국 정부가 중국을 대표하는 유일한 합법정부라는 것과 하나의 중국만이 있다는 입장을 계속 견지해 나가기로 하였으며, 양안관계의 평화적 발전을 지지하기로 하였다.

9. 한국 측은 중국 측의 제22차 아시아태평양경제협력체(APEC) 정상회의 개최를 지지하고 이를 위해 긴밀히 협력하기로 하였다. 양측은 금번 APEC 정상회의를 통해 지역경제통합 진전, 혁신적 발전·경제개혁 및 성장 촉진, 포괄적 연계성 및 인프라 개발 강화 등 핵심의제에서 실질적 성과를 거두어 아태지역 발전에 기여할 수 있도록 함께 노력하기로 하였다.

10. 양측은 시진핑 국가주석의 금번 국빈 방한이 양국관계가 새로운 도약을 하는데 있어서 이정표적 의미를 지닌다는 데 인식을 같이 하였다. 시진핑 국가주석은 대한민국 정부와 국민들의 진심어린 환대에 사의를 표하고, 박근혜 대통령이 편리한 시기에 중국을 재차 방문하여 줄 것을 초청하였다. 박근혜 대통령은 이를 흔쾌히 수락하였다.

2014년 7월 3일 서울

【부속서】

I.『한 · 중 미래비전 공동성명』이행 현황

1. 정치 · 안보 분야

한 · 중 양국 정상은 지난 1년여 기간 동안 상대국을 각기 국빈 방문하였고, 함께 참석한 모든 다자회의 시마다 빠짐없이 회동을 가졌으며, 한반도 정세 등 긴급한 현안이 있을 때에는 수시로 전화통화를 갖고 소통을 하며, 각별한 우의와 신뢰를 쌓아왔다. 양측은 2013년 11월 한국의 청와대 국가안보실장과 중국의 외교담당 국무위원 간 외교안보 고위전략대화를 성공적으로 가동하였다. 2013년 4월 윤병세 외교부 장관이 중국을 방문하였고, 2014년 5월 왕이 외교부장이 한국을 방문하였다. 양 장관은 그간 4차례 전화통화를 갖고, 국제다자무대에서 2차례 양자회동을 하였으며, 양자관계 및 공동 관심사에 대하여 긴밀한 소통을 유지해 왔다.

또한, 양측은 2013년 외교안보대화, 양국 국책연구소 간 합동전략대화 등 양측이 「한 · 중 미래비전 공동성명」에서 합의한 전략대화의 메커니즘을 성공적으로 출범 시키고, 양국 외교차관 간 전략대화와 제3차 국방전략대화를 개최함으로써 다층적인 전략적 소통체제를 구축하였다.

2. 경제 · 통상 분야

양측은 2015년까지 무역액 3,000억 불 목표를 달성하기 위해 세계경제의 불안정 속에서도 무역박람회 개최, 구매사절단 파견 등 다양한 노력을 통하여 양국 간 무역을 지속적으로 확대하였다.

양측은 2013년 9월 한·중 자유무역협정(FTA) 모델리티 협상을 타결하였고, 협정문 협상을 추진해왔다.

양측은 2013년 체결한 「대한민국 산업통상자원부와 중화인민공화국 상무부 간의 한·중 경제통상협력 수준 제고에 관한 양해각서」에 의거한 한·중 통상장관회담 및 다양한 경제통상 채널을 통해 무역불균형 축소 및 비관세장벽 해소 등 양국 간 주요 통상현안의 해결방안을 모색하였다.

양측은 2013년 9월 및 2014년 4월 한·중 무역실무회의를 개최하고, 2013년 11월 한·중 경제공동위원회, 12월 한·중 경제장관회의를 개최함으로써 양국 간 경제협력 분야 정책 교류 및 소통을 활성화하였다.

양측은 2013년 10월 한·중 어업공동위원회를 개최하여 서해 잠정조치수역에서의 공동순시 등 효율적인 어업자원관리 추진에 합의하였다. 또한, 양국 외교부가 주관하는 한·중 어업문제협력회의를 2013년 7월과 12월에 두 차례 개최하였으며, 11월에는 중국의 어업정책 및 지도단속 공무원들의 방한 등 교류사업을 실시하였다.

양측은 「대한민국 산업통상자원부와 중화인민공화국 국가발전개혁위원회 간의 에너지절약 분야 협력 강화에 관한 양해각서」 및 「대한민국 산업통상자원부와 중화인민공화국 과학기술부 간의 응용기술 연구개발 및 산업화 협력 강화에 관한 양해각서」의 적극적인 이행을 통해

에너지 절약, 신기술 등 분야의 협력을 확대하였으며, 한·중 기업협력 혁신센터를 통해 양측 기업 간 교류와 기술협력을 확대하였다.

양측은 2013년 12월 제1차 한·중 차관급 정보통신협력 전략대화를 개최하고, 동 계기에 양국 연구기관 간 5세대 이동통신 기술교류회를 개최함으로써 정보통신기술 분야에서의 협력을 강화하였다.

양측은 2013년 「대한민국 해양수산부와 중화인민공화국 국가해양국 간의 해양과학 기술협력에 관한 양해 각서」를 갱신하고, 제12차 한·중 해양과학기술협력공동위원회를 개최함으로써, 해양과학 연구, 해양환경 보호, 해양경제 등 해양 분야의 협력을 강화하였다.

양측은 2014년 4월 「대한민국 관세청과 중화인민공화국 해관총서 간의 대한민국 수출입 안전관리 우수공인업체 제도와 중화인민공화국 해관기업분류관리제도의 상호 인정에 관한 약정」의 전면 실시를 통해 양국 우수 기업의 통관을 원활화하였다.

양측은 2013년 10월 제1차 한·중 기후변화협상대화를 성공적으로 개최하여 기후변화국제협상 및 정책에 대해 의견을 교환하고, 양국 간 실질협력방안을 협의하였다.

양측은 2014년 5월 제11차 한·중 원자력 공동위원회를 개최하여 동북아 역내 원전의 안전증진을 위한 실질협력 방안을 논의하였다.

양측은 양국 지식재산권 당국 간 지식재산권의 창출·보호·관리 등 포괄적 협력기반 조성을 위해 2013년 12월 「대한민국 특허청과 중화인민공화국 지식산권국 간의 지식재산 분야에서의 포괄적 협력에 관한 양해각서」를 체결하였다.

양측은 2014년 2월 「대한민국 고용노동부와 중화인민공화국 상무부 간의 고용허가제하 인력송출에 관한 양해각서」를 갱신하여, 양국 간 인력송출 협력을 더욱 강화하였다.

양측은 2013년 12월 식품, 화장품, 약품 및 의료기기 분야에서의 양국 주관 부서 간 실무협의회 및 고위급 대화채널을 창설하여, 식품·약품 안전 확보와 위해요인 차단 분야에서의 협력을 강화하였다.

양측은 2013년 9월 제1차 보건정책협의회를 개최하여 양국 간 보건의료 및 의료보험 분야에서의 정책 소통 및 교류·협력을 강화하였다.

중국 측은 「대한민국 환경부와 중화인민공화국 임업국 간 따오기 보호·협력에 관한 양해각서」에 따라 2013년 12월 한국 측에 따오기 두 마리를 제공하였으며, 이를 통해 양국 간 생물다양성 보호를 위한 협력을 증진하였다.

3. 문화·인적교류 분야

양측은 한·중 인문유대 강화를 위한 정부차원의 협의기구로서 2013년 11월 한·중 인문교류공동위원회를 출범시키고, 학술, 지자체, 전통예능 등 분야에서 다양한 인문유대 세부사업들을 발굴하였다.

양측은 2013년 각 500명씩 총 1,000명 규모의 청소년 초청 및 파견

교류를 실시하였다.

한국 측은 2014년 5월 중국 청소년대표단 200명을 방한 초청하였으며, 중국 측은 2014년 6월 한국 청소년대표단 200명을 방중 초청하여 양국 간 인적 교류 기반을 강화하였다.

양측은 2013년 11월 「대한민국 문화체육관광부와 중화인민공화국 문화부 간의 문화산업 협력에 관한 양해각서」를 체결하고, 한국에서 제1차 한·중 문화산업포럼을 개최하는 등 문화산업 협력을 확대하였다.

양측은 「대한민국 정부와 중화인민공화국 정부 간의 영화 공동제작에 관한 협정」에 가서명하였으며, 한·중 합작영화를 중국에서 성공적으로 개봉하는 등 영화, TV프로그램의 공동 제작을 지속 추진하였다.

양측은 2013년 9월 서울에서 제1차 한·중 공공외교포럼을 개최한 데 이어, 2014년 6월 베이징에서 제2차 한·중 공공외교포럼을 개최함으로써, 양국 국민들의 상호 이해와 인식을 제고하였다.

4. 지역 및 국제무대에서의 협력 분야

양측은 2013년 이래 한·중·일 3국 간 외교부 고위급회의, 문화장관회의, 재난관리 기관장회의, 보건장관회의, 특허청장회의, 환경장관회의가 성공적으로 개최된 것과 한·중·일 자유무역협정(FTA) 협상이 네 차례에 걸쳐 원만하게 진행된 것을 평가하였다.

양측은 유엔 등 국제무대에서 상호 긴밀히 협력하였다. 양측은 유엔 안보리 개혁이 민주성, 책임성, 대표성, 효율성을 제고하는 방향으로 이루어질 수 있도록 상호 긴밀히 협력하였다. 양측은 안보리 개혁 문제 관련, '포괄적' 해결 방안을 모색하여 협상을 통해 가장 광범위한 합의를 달성해야 한다는 데 인식을 같이 하였다.

양측은 2013년 제1차 한·중 국장급 다자경제 분야 협의회를 개최하여 G20, 아시아태평양경제협력체(APEC) 등 주요 글로벌 경제 협의체에서 다루어지는 다자 경제 이슈에 대해 의견을 교환하였다.

양측은 2014년 3월 한·중 해양법·국제법률국장회의를 개최하여, 공동으로 관심을 갖는 해양법 및 국제법 문제에 대해 솔직하고 심도 있게 의견을 교환하였으며, 광범위한 공동인식에 도달하였다.

양측은 2013년 제1차 한·중 개발협력 정책대화를 개최하여 개발협력 분야에서 상호 대화와 교류를 유지하고, 구체적인 협력방식과 중점 분야에 대해 논의하자는 데 동의하였다.

양측은 2013년 제4차 한·중 대테러협의회를 개최하여 관련 지역 테러 정세, 양국 간 대테러 협력 방안 등에 대해 긴밀히 소통하였다.

그밖에, 양측은 대량살상무기 확산, 해적, 마약, 금융 범죄, 하이테크 범죄, 사이버 안보, 핵안보 등 각종 범세계적 문제의 해결을 위한 협력을 지속해오고 있다.

Ⅱ. 금번 정상회담의 합의사항

1. 전략적 정치안보협력 강화

양측은 최고 지도자 간의 각별한 신뢰와 긴밀한 소통이 양국관계 발전의 소중한 자산이라는 데 의견을 같이 하였으며, 앞으로 양국 정상 간 상호 방문을 정례화해 나가기로 하였다. 다자회의 계기 회동을 지속하고, 정상 간 서신 교환·전화 통화 등 방식으로 전략적 소통을 계속 유지·강화해 나가기로 하였다.

또한, 양측은 한국의 청와대 국가안보실장과 중국의 외교담당 국무위원 간 외교안보 고위전략대화의 정례화를 실현하고, 양국 외교장관 간 연례 교환방문을 지속 추진하며, 양국 외교안보대화를 정례적으로 추진한다는 당초의 합의를 재확인하였다.

양측은 군 고위급 교류와 국방전략대화를 지속 실시하고, 각 급 각 분야 대표단 상호 방문을 유지하며, 청년장교 상호 방문 교류를 실시하고, 전문분야의 실질적인 협력을 확대하며, 양국 국방부 간 직통전화를 조속히 개통하기로 하였다.

양측은 각 부처, 의회, 정당, 싱크탱크 간 교류를 강화하고, 한·중 의회 정기 교류 체제 및 국책연구기관 합동 전략대화 등 채널을 통해 각 분야의 전략적 소통을 지속강화하며, 양국 정당 간 정책대화를 적극 추진하고, 양국 정부 당국자와 학계 등 민간 전문가들이 공동으로 참여하는 1.5트랙 대화 체제를 구축하여 한·중 전략적 협력 동반자 관계를 가일층 발전시켜 나가기 위한 방안을 논의해 나가기로 하였다.

양측은 양국의 미래를 이끌어 나갈 청년 지도자들이 참석하는 한·
중 청년 지도자 포럼을 정례적으로 개최하기로 하였다. 이와 관련, 양
측은 2015년부터 5년간 매년 100명의 상대국 청년 지도자를 상호 초청
하기로 하였다.

양측은 「대한민국 외교부와 중화인민공화국 외교부 간 2014~2015년
도 교류협력계획」의 채택을 환영하였다.

양측은 양국 간 해양경계를 획정하는 것이 양국관계의 장기적이고
안정적인 발전과 해양협력을 추진해 나가는 데 있어 매우 중요하다는
점을 재확인하고, 2015년에 해양경계획정 협상을 가동하기로 하였다.

양측은 양국 간 역사적 관계는 소중한 자산이며, 양국관계에 부담이
되지 않도록 상호 노력해야 한다는 데 의견을 같이 하였다. 이와 관련
하여, 양측은 역사연구에 있어 주요 연구기관을 포함한 학술계의 사료
발굴, 조사·열람, 연구 등 분야에서 상호교류와 협력을 계속 강화하기
로 하였다. 또한, 양측은 관련 연구기관 간 위안부 문제 관련 자료의
공동연구, 복사 및 상호 기증 등에서 협력해 나가기로 하였다.

양측은 한·중·일 3국협력이 각각의 발전은 물론, 동북아의 평화와
공동 번영에 매우 중요한 역할을 할 수 있다는 데에 인식을 같이 하고,
3국 협력의 견실하고 안정적인 발전을 위해 공동 노력하기로 하였다.

양측은 ASEAN+한·중·일(ASEAN+3) 및 동아시아정상회의(EAS), 아
세안지역안보 포럼(ARF), 아시아태평양경제협력체(APEC), G20, 아시아
유럽정상회의(ASEM) 등 다자협의체에서의 긴밀한 협력을 계속 유지해

나가기로 하였다.

양측은 한국의 2013~14년 유엔 안보리 비상임이사국 활동 기간 중에 양측이 긴밀하게 협력하고 있음을 평가하고, 유엔 업무에 있어서 협력을 더욱 강화해 나가기로 하였다.

한국 측은 중국 측이 제22차 아시아태평양경제협력체(APEC) 정상회의 준비를 위해 노력을 경주하고 중요한 진전을 이루어낸 것을 적극적으로 평가하였다.

양측은 긴밀한 소통을 유지하여 금번 회의가 긍정적이고 실질적인 성과를 거두고 아시아태평양지역의 장기적인 발전과 공동번영에 힘찬 동력을 주입할 수 있도록 공동으로 추진해 나가기를 희망하였다.

2. 미래지향적 호혜협력 확대

양측은 세계경제의 불안정 등 대외경제여건하에서도 양국 간 교역을 촉진시켜 2015년까지 무역 규모 3,000억 불 목표를 달성할 수 있도록 지속 노력해 나가기로 하였다.

양측은 높은 수준의 포괄적인 한·중 자유무역협정(FTA)을 체결하기 위한 협상의 진전을 긍정적으로 평가하고, 연말까지 협상을 타결하기 위한 노력을 강화하기로 약속하였다.

양측은 자국 통화 결제를 활성화하는 것이 양국 간 경제·무역 발전에 이익이 된다는데 인식을 같이 하였다. 이를 위해, 양측은 우선 한국

내에 원-위안화 직거래시장을 개설하기로 합의하였다. 한국 측은 양 통화 간 직거래시장을 중국 외환시장에 개설하기 위한 여건을 조성하기로 약속하였다. 또한, 양측은 한국 서울에 위안화 청산체제를 구축하고, 서울 소재 중국계 은행을 위안화 청산은행으로 지정하기로 합의하였다.

양측은 한국 투자자들의 중국 증권시장에 대한 투자를 촉진하기 위해 중국이 한국에 800억 위안 규모의 위안화 적격해외기관투자자(RQFII) 자격을 부여하고, 동 쿼터의 활용 상황과 시장 수요에 따라 장래의 적절한 시점에 이를 증액하는 방안을 추진하기로 합의하였다. 한편, 양측은 한국 당국 및 금융기관이 적격해외기관투자자(QFII) 자격을 통해 중국시장에 대한 투자를 확대해 나가는 것을 환영하였다. 또한, 양측은 한국과 여타 다른 국가의 기업 및 금융기관들의 위안화 표시 채권발행을 장려하기로 합의하였다.

양측은 새만금 한·중 경제협력단지에 대해 추후 지속 협의해 나가고, 이와 관련된 연구를 수행하기로 합의하였다.

양측은 광역두만강개발계획(GTI) 발전이 향후 동북아 지역발전을 선도하는 경제협력기구로 발전할 수 있도록 긴밀하게 협의하기로 하였다. 양측은 2013년 체결된「한국 수출입은행과 중국 수출입은행 간 상호리스크참여약정(RRPA)」을 토대로「한국수출입은행과 중국 수출입은행 간 상호리스크참여약정에 따른 초대형 에코쉽 프로젝트 금융계약」을 체결한 것을 환영하고, 향후 양국 무역거래를 지속 지지해 나가기로 하였다.

양측은 해양분야 협력을 더욱 강화하고,「대한민국 해양수산부와 중화인민공화국 국가해양국 간 해양분야 협력계획(2014~2018)」의 수립을 추진하기로 하였다.

양측은 양국 어업수산 및 유관기관 간의 공동단속 등 협조체제와 수산협력연구체제를 강화하고, 인적·기술적 교류를 확대하며, 어업자원 보호와 조업질서 유지를 위한 소통과 협력을 더욱 강화해 나가기로 하였다. 특히, 양측은 서해에서 긴밀히 협력하기로 하였다.

양측은 양국 지방경제를 활성화하기 위해 중앙정부 간 및 중앙정부와 지방정부 간 협력채널을 다양화하여 양국 민관공동포럼 및 기업상담회를 더욱 확대하고, 무역 촉진행사를 개최하여 양국 간 새로운 무역기회를 발굴하기로 하였으며, 무역 불균형 완화를 위해 공동 노력하기로 하였다. 또한, 양측은 상호투자 활성화를 위해 투자협력포럼 등 행사를 통하여 유망분야에서의 상호 투자기회를 발굴하고, 양국 산업단지, 경제특별구역에 대한 양국 기업의 상호 투자를 증진하기 위해 공동 노력하기로 하였다.

양측은 상대 국가에서 주최하는 각종 전시회에 적극 참여하기로 하고, 중국 측은 한국 정부 유관부처와 더 많은 기업이 중국-동북아박람회, 중국(베이징)국제서비스무역교역회, 중국중부투자박람회, 중국국제투자 무역상담회 등에 참석하는 것을 환영하였다.

양측은 2013년에 합의한 에너지 절약 및 효율 제고 분야 협력강화를 기반으로 양국 간 에너지 협력을 전 분야로 확대함으로써, 양국 경제·사회의 지속가능한 성장을 위한 발판을 마련하기로 하였다.

양측은 양국산업이 점차 고도화되는 상황에서, 하이테크 산업 분야에서의 협력 강화가 매우 필요하다는 데 인식을 같이 하였다. 이를 위해 양측은 정부 간 교류 채널뿐만 아니라 양국의 관련 산업 및 정부부처 간의 교류와 협력을 더욱 강화해 나가기로 하였다.

양측은 원전 안전이 매우 중요하다는 데 인식을 같이 하고, 사건정보 통보체제 구축, 지역협력 프로젝트 추진 등 동북아 역내 원전 안전을 증진하기 위한 협력을 강화해 나가기로 합의하였다.

양측은 산학연 실용화 대형공동연구를 통해, 기초연구에서부터 실용화 단계까지 가시적인 성과를 창출하고 그 성과를 공유해 나가기로 하였다.

양측은「대한민국 미래창조과학부와 중화인민공화국 국가신문출판광전총국 간 방송 및 디지털 콘텐츠 분야 협력에 관한 양해각서」의 체결을 환영하고, 양국 간 방송 및 디지털 콘텐츠 공동제작 등 양국 간 방송 및 디지털 콘텐츠 교류를 보다 확대하기로 하였다.

양측은 해킹 등 최근 증가하고 있는 사이버위협에 공동 대응하기 위하여 긴밀한 양국협력의 중요성을 인식하고, 침해사고에 관한 정보공유 및 공동 대응, 인력교류 등 사이버보안 분야에서의 상호협력을 강화하기로 하였다.

양측은 생태계 보호 및 임업협력을 강화하고, 지속가능한 삼림경영을 착실히 추진하며, 사막화와 토지퇴화를 방지하고, 야생동식물 및 생태계를 보호하기 위한 실질협력을 적극 추진하기로 하였다.

양측은 미세먼지 등 대기오염분야에서 대기오염수치 정보 공유와 대기오염 예·경보 모델 공동연구 등의 협력을 실시하고, 한·중 환경 산업포럼 및 철강 등 분야에서 대기오염 방지 시설 실증 시범 프로젝트를 공동 추진하며, 동북아지역차원의 협력 체제를 강화하기 위해 공동 노력하기로 하였다.

양측은 기후변화라는 범세계적 도전에 대해 함께 대응하기로 하고, 2014년 9월 유엔기후정상회의와 2015년 유엔기후변화협약 파리 당사국 총회가 소기의 성과를 달성하도록 함께 노력해 나갈 것을 강조하였다. 양측은 기후변화국제협상, 각각의 국내 기후변화 대응과 저탄소 경제 및 사회로의 발전에 대한 정책적 행동, 양국 간 기후변화 분야의 실질 협력사업 등 문제에 있어서 대화, 교류 및 협력을 지속 강화해 나가고, 2014년 하반기에 개최될 제2차 한·중 기후변화협상대화를 적극적으로 준비하기로 하였다. 특히, 양측은 포괄적이고 체계적으로 기후변화협력에 대처하기 위하여 한·중 기후변화협력 협정을 체결하기로 하고, 조속한 시일 내 문안협의를 개시하기로 하였다.

양측은 「대한민국 관세청과 중화인민공화국 해관총서 간 전략적 협력에 관한 약정」 체결을 환영하고, 양국 간 수출입 물품의 신속통관 촉진, 무역안전 및 건전한 경제 발전을 위해 양국 세관당국 간 협력을 더욱 강화해 나가기로 하였다.

양측은 양국 국민의 건강과 복지 증진을 위해 전통의학 분야에서의 협력을 지속 확대하고, 식품, 약품, 화장품, 의료기기 등 분야의 협력을 지속 강화해 나가기로 하였다. 또한, 양측은 양국 기업과 의료기관 간 교류 협력을 촉진해 나가기로 하였다.

양측은 보편적 의료보장 달성을 위한 보건의료 정책에 대해 협력을 지속 강화하고, 감염병 예방 및 통제, 기후변화에 따른 건강적응 등 분야에서 협력을 심화하기로 하였다.

양측은 국민의 생명과 안전을 위협하는 사고·천재지변 등 위급 상황 발생 시 상호 도움이 되고 가능한 긴급구호 및 지원 분야에서의 협력을 모색해 나가기로 하였다.

양측은 양국 농업과학기술 분야에서 정보교환, 인적교류, 합작연구 등을 강화하고 구제역, 조류인플루엔자 등 중대한 동물질병의 예방과 제어분야에서의 협력을 강화해 나가기로 하였다.

양측은 식품 기준 분야의 교류와 협력을 지속 강화하고, 김치 등 식품을 우선협력 분야로 삼기로 하였다.

양측은 아시아 경제 발전을 위한 인프라 투자 확대 필요성에 공감하였다. 중국 측은 아시아인프라투자은행 설립 관련 제안을 한국 측에 설명하였으며, 한국 측은 이를 높이 평가하였다. 이와 관련, 양측은 계속 협의하기로 하였다.

양측은 양국 방문·관광객의 편의를 증진하기 위해 양국 방문용 자가용 승용차의 일시 수입을 상호 허용하는 방안에 대해 검토해 나가기로 하였다.

3. 쌍방향 인문교류 제고

양측은 한·중 인문교류공동위원회를 통해 인문분야의 협력을 더욱 촉진하기로 하였다. 이를 위해 양측은 2014년에 19개의 인문유대 세부사업을 공동 추진하기로 합의하였으며, 2014년 하반기에 제2차 한·중 인문교류공동위원회를 개최하기로 하였다.

양측은 양국 공공외교 협력을 지속 강화하여, 매년 윤번제로 한·중 공공외교포럼을 개최하고, 한·중 인터넷 오피니언리더 원탁회의, 사막화 방지 분야에서의 한·중 청년 공동 협력사업 등을 추진하기로 하였다.

양측은 현 양국 간 1,000명 청소년 상호방문교류의 효과를 제고하고, 양국 소년교류의 다양성과 내실화를 기하면서 이를 지속적으로 확대해 나가기로 하였다.

양측은 양국 간 민간 문화교류를 통해 양국 국민들이 상대방 국가에 대한 이해와 신뢰를 제고할 수 있도록 양국의 문화예술분야 대표들이 참여하는 문화교류회의를 구성하기로 하였다. 또한, 2014년 중국에서 제2차 한·중 문화산업포럼 등의 개최를 포함하여 문화산업분야의 연구 및 프로젝트 협력을 추진하기로 하였으며, 한·중 공동펀드를 조성하는 문제에 관해 논의하였다.

양측은 「대한민국 정부와 중화인민공화국 정부 간의 영화 공동제작에 관한 협정」의 체결을 환영하였다.

양측은 양국 교육분야에서 정부 대표단을 상호 파견하고, 원어민 중국어 보조교사의 한국 파견 및 한국교사의 중국 파견, 학술세미나, 학술교류 등 실질협력을 적극적으로 독려해 나가기로 하였다.

양측은 우수한 교육자원이 장점을 상호 보완하고 공동 발전의 목적을 달성할 수 있도록 학교 간 교류협력을 확대하기로 하였다.

양측은 다양한 경로를 통하여 보다 많은 양국의 우수한 청년들이 상대국에서 학문을 연마할 수 있도록 장려하고, 양국 간 유학생 규모의 지속 확대를 위해 노력하기로 하였다.

양측은 양국 지방정부 간의 교류와 협력이 가일층 확대되고, 더 많은 지방이 우호도시관계로 발전하도록 장려하기로 하였다.

양측은 양국 여성조직 및 기관 간 협력을 지지하며, 양국 각계 여성 간 우호교류를 장려하기로 하였다.

양측은 문화유산 보호·복원, 박물관 분야에서의 연구, 협력 및 인적교류를 증진하고, 문화재 밀수 퇴치 분야에서의 교류와 협력을 강화하기로 하였다.

양측은 양국 유관기관 등이 판다 공동연구를 실시하는 것을 지지하기로 하였다.

4. 국민체감적 인적교류 증진

양측은 「대한민국과 중화인민공화국 간의 영사협정」 체결을 환영하고, 이를 바탕으로 상대국에 체류하는 자국 국민에 대해 더 많은 법적 보장을 제공함으로써 그 합법적 권익을 더욱 잘 유지·보호해 나가기로 하였다.

양측은 양국 국민들의 상호 방문을 장려하기 위해 2015년을 한국의 '중국 관광의 해'로, 2016년을 중국의 '한국 관광의 해'로 지정하기로 하였다.

양측은 2016년까지 양국 간 연간 인적교류 1,000만 명 목표를 달성할 수 있도록 함께 노력하기로 하였다.

양측은 대규모 종합스포츠대회 등의 준비, 주최, 참가 등에 있어서 협력을 강화하기로 하였다. 중국 측은 한국 측의 2014년 인천아시안게임 및 2018년 평창 동계올림픽의 개최를 지지하였다. 한국 측은 중국 측의 2014년 청소년 올림픽의 개최를 지지하였다.

양측은 관용·공무 여권 소지자에 대한 상호 사증면제 협정 문안 합의를 환영하고, 사증 면제 범위의 단계적 확대 방안을 적극적으로 협의해 나가기로 하였다.

양측은 수요를 보아가며 상호 영사기관을 추가로 설치하기로 하였다.

Ⅲ. 정상회담 계기 체결 문건

양측은 이번 정상회담 계기에 아래 문건들을 체결한 것을 환영하였다.

- 「대한민국과 중화인민공화국 간의 영사협정」
- 「대한민국 정부와 중화인민공화국 정부 간의 영화 공동제작에 관한 협정」
- 「대한민국 기획재정부와 중화인민공화국 국가발전개혁위원회 간 '창조 및 경제의 지속가능한 발전 촉진'에 관한 양해각서」
- 「대한민국 미래창조과학부와 중화인민공화국 국가신문출판광전총국 간 방송 및 디지털 콘텐츠 분야 협력에 관한 양해각서」
- 「대한민국 외교부와 중화인민공화국 외교부 간 2014~2015년도 교류협력 계획」
- 「대한민국 산업통상자원부와 중화인민공화국 상무부 간 양국 지역통상 활성화 협력 제고를 위한 양해각서」
- 「대한민국 산업통상자원부와 중화인민공화국 공업신식화부 간 산업협력 양해각서」
- 「대한민국 환경부와 중화인민공화국 환경보호부 간 환경협력에 관한 양해각서」
- 「대한민국 환경부와 중화인민공화국 국가임업국 간 야생생물 및 자연생태계 보전협력에 관한 양해각서」
- 「대한민국 관세청과 중화인민공화국 해관총서 간 전략적 협력에 관한 약정」
- 「대한민국 한국은행과 중화인민공화국 중국인민은행 간 위안화 청산·결제체제 구축 등 한·중 위안화 금융서비스 협력 제고에 관한 양해각서」

• 「한국 수출입은행과 중국 수출입은행 간 상호리스크참여약정에
   따른 초대형 에코쉽프로젝트 금융계약」

노태우 대통령 공식 방중 계기 한·중 공동언론발표문

1992.9.30. 베이징

1. 대한민국 노태우 대통령은 중화인민공화국 양상곤 주석의 초청으로 '92.9.27부터 30일까지 중국을 공식 방문하였다. 노태우 대통령은 중국을 방문한 첫 번째 한국대통령으로서 중국정부와 국민의 정중한 환영과 열렬한 영접을 받았다.

2. 방문기간 동안 대한민국의 노태우 대통령은 중화인민공화국의 양상곤 주석과 우호적인 분위기 속에서 회담을 가졌으며, 중국 공산당 중앙위원회 강택민 총서기 및 국무원 이붕 총리와 각각 면담하였다. 동 회담과 면담중 양측은 각각 자국의 정치·경제 현황에 관해 소개하였으며, 양국 간의 우호협력관계를 더욱 발전시키는 문제에 관해 토의하였다. 또한 양측은 국제정세와 동북아 지역정세에 관해 광범위한 의견을 교환하였다.

3. 한·중 양국 지도자들은 한·중 수교의 의의를 높이 평가하면서 양국이 과거의 비정상 관계를 청산하고 수교공동성명의 기초 위에서 상호 선린협력관계를 발전시키는 것이 양국 국민의 이익에 부합될 뿐만 아니라 현재의 국제정세의 발전추세에도 일치되며, 아세아와 세계의 평화와 발전에 중요한 의의를 가지고 있다고 인식하였다.

4. 양국 지도자들은 양국 정부가 무역협정, 투자보장협정, 경제·무역·기술협력위원회 설립에 관한 협정 및 과학기술협력 협정을 서명한데 대해 만족을 표하였으며, 양국은 향후 경제·무역·과학기

술, 교통, 문화, 체육 등 제반분야에서의 교류와 협력을 적극 추진키로 결정하였다.

5. 노태우 대통령은 한반도의 남북대화 비핵화 및 평화통일 실현에 관한 한국 측의 입장을 설명하였다. 중국지도자들은 한반도에서의 남북대화가 진전을 이룩하고 있는 것을 높이 평가하고, 한반도 비핵화 공동선언의 목표가 하루속히 실현되기를 희망하고 남북한 쌍방이 한반도의 자주 평화통일을 조속히 실현하는 것을 지지함을 재천명하였다. 양국지도자들은 한반도에 있어서의 긴장완화가 전체 한국민들의 이익에 부합될 뿐만 아니라 동북아지역 및 아세아 지역 전체의 평화와 안정에 유익하며 이와 같은 완화추세가 계속 발전되어 나가야 한다는데 합의하였다.

6. 양국지도자들은 동북아지역 및 아태지역의 경제협력을 강화하는 것이 역내 국가들의 발전과 공동 번영에 유익하다고 인식하고, 양측은 아세아 태평양 경제협력체(APEC) 등 기타 역내 경제협력 기구에서 협력하는데 합의하였다.

7. 한·중 양측은 노태우 대통령의 성공적인 중국 방문이 장차 양국 간의 선린협력 관계를 가일층 발전시킬 것임을 확신하였다.

8. 노태우 대통령은 중국 측의 열렬한 환대에 사의를 표하고, 양상곤 국가주석이 편리한 시기에 한국을 방문해 주도록 초청하였으며, 양상곤 주석은 이에 감사를 표하고 동 방한 초청을 흔쾌히 수락하였다.

10 이명박 대통령 국빈 방중 계기 한·중 공동언론발표문

2012.1.11. 베이징

1. 이명박 대한민국 대통령은 후진타오(胡錦濤) 중화인민공화국 주석의 초청으로 2012년 1월 9일부터 11일까지 중국을 국빈 방문하였다. 방문기간 동안 이명박 대통령은 후진타오 주석과 정상회담을 가졌으며, 우방궈(吳邦國) 전국인민대표대회 상무위원회위원장, 원자바오(溫家寶) 국무원 총리와 각각 면담하였다.

2. 양측은 1992년 한·중 수교 이래 각 분야에서의 우호협력의 전면적이고 신속한 발전이 양국의 경제·사회 발전 및 지역의 평화와 번영을 위해 적극 기여하였다는데 인식의 일치를 보았다.

   양측은 2008년 한·중관계가 '전략적 협력 동반자 관계'로 격상된 이래, 정치, 경제, 사회, 문화, 인적교류 등 각 분야의 협력에서 새로운 진전을 이룩한 것을 높이 평가하였다.

   양측은 2008년 5월과 8월 양국 정상 상호방문 시 발표한 두 개의 공동문건의 각 원칙에 기초하여 미래지향적 '한·중 전략적 협력 동반자관계'를 더욱 내실있게 다져나갈 것을 확인하였다.

   대만문제에 있어, 한국 측은 하나의 중국 정책을 계속 견지한다는 입장을 밝혔으며, 양안관계 평화발전을 지지한다고 하였다.

3. 양측은 양국 고위지도자들의 교류를 계속 유지하고, 정부, 의회와

정당 간의 교류를 더욱 강화하며, 각 분야의 실무협력을 심화하고, 다양한 직급에서의 소통과 조율을 강화함으로써 공동 이익을 확대해 나가는 데 동의하였다. 양측은 양국 외교당국 간의 교류와 협력을 보다 강화해 나가자는 데 동의하고, 양국 외교장관 간 직통전화(hot-line), 외교당국 간 고위급 전략대화 등의 방식을 통해 양자관계 및 공통관심사에 대한 긴밀한 소통을 유지하기로 하였다. 또한, 양국 국방 당국 간 고위급 접촉 및 상호방문을 계속 유지하기로 하였다.

4. 양측은 양국 간 경제통상 협력이 안정적이고도 빠른 속도로 발전되고 있음을 적극 평가하고, 2015년 3천억 불 무역액 목표 달성을 위해 공동 노력하기로 하였다. 양측은 한·중 자유무역협정(FTA)의 조속한 체결이 양자 간 경제통상 협력에 더욱 유리한 제도적 환경을 제공함으로써 양국 이익에 부합된다는 점에 인식을 함께 하였다. 양측은 한국의 국내절차가 종료되는 대로 한·중 FTA 협상을 개시한다는 데 의견을 같이 하였다. 양측은 기후변화 대응 및 저탄소 녹색성장을 위해 신재생 에너지, 에너지 효율화 등 에너지 분야에서 호혜적인 협력을 지속적으로 강화해 나가기로 하였다. 양측은 양국 신흥산업 간의 협력을 한층 더 증진하고, 산업별 표준, 상호인증, 공동연구 등 분야의 협력을 단계적으로 추진하기로 하였다. 또한, 양국 관련부처, 지방 및 기업이 도시개발 및 신농촌 건설 등 분야에서 협력하는 것을 지지하기로 하였다. 양측은 양국 간 호혜적인 금융협력의 성과를 적극 평가하고, 양국 금융산업 발전 촉진을 위한 양국 금융기관의 상호 진출을 지지한다고 하였다.

또한, 양측은 「한·중 사회보장협정」 협상을 조속히 개시하기로 합의하였다. 양측은 무역안전을 보장하고 통관절차를 간소화하기 위해 수출입안전인증업체(AEO) 상호인정을 위한 양국 세관당국 간 협상을 적극 추진하기로 하였다.

5. 양측은 자연재난에 대한 예방, 대응, 관련 정보의 신속한 공유 및 구호협력 등을 강화해 나가는데 동의하였다. 양측은 환경보호 분야 협력을 강화하기로 하고, 해양환경 오염 대응과 황사 예방 및 퇴치 방안을 적극 검토키로 하였다.

6. 양측은 양국 간 해양경계를 획정하는 것이 양국관계의 장기적, 안정적 발전과 해양협력을 추진해 나가는 데 중요한 의의가 있다고 인식하고, 해양경계획정 관련 협상을 계속해서 추진해 나가기로 하였다. 양측은 어업분야 관련 문제의 원만한 해결과 어업질서의 공동 수호 및 어족자원의 지속가능한 개발을 위해 양국 수산 당국이 기존 협조체제를 강화하고 소통과 협력을 증진하기로 하였다. 양측은 양국 해양분야 협력 촉진을 위하여 외교·어업 등 관계부처가 공동 참여하는 대화와 협의를 가동시키도록 적극 검토하는 데 동의하였다.

7. 양측은 수교 20주년 및 '한·중 우호교류의 해' 기념행사를 성공적으로 공동 개최하고, 청소년 상호방문교류 규모를 확대하여 양국 국민 간 상호이해와 우호정서를 계속 증진해 나간다는데 동의하였다.

양측은 2010년 "중국 방문의 해"가 거둔 성과를 적극 평가하고, 2012년 "한국 방문의 해"가 양국 국민 간 교류를 계속 확대하는 데 기여할 수 있도록 적극 협력하기로 하였다.

양측은 「한·중 외교관여권 사증면제협정」을 조속히 체결하고, 청소년 수학여행단 사증절차를 간소화하는 등 영사관계 및 영사분야 협력을 더욱 강화하는데 동의하였다. 또한, 양측은 중국 측이 제주도에 총영사관을 개설한다는데 합의하였으며, 상호 영사기구 추가 설치 문제를 검토해 나가기로 하였다.

8. 양측은 한반도의 안정과 평화를 유지하고, 동북아 지역의 장기적 안녕을 실현하는 것이 관련 각국의 공동 이익에 부합된다는 점을 재천명하고, 이를 위해 공동 노력해 나가기로 하였다. 양측은 6자회담 재개를 위한 여건이 조속히 조성될 수 있도록 관련 각국 및 국제사회와 공동 노력해 나가기로 하였다.

중국 측은 남북한 양측이 대화와 협상을 통해 관계를 개선하고, 화해와 협력을 추진하여, 최종적으로 한반도 평화 통일을 실현하는 것을 지지한다는 입장을 재천명하였다.

양측은 동아시아 평화와 안정 및 발전을 위한 동아시아 지역협력 강화의 중요성을 인식하고, 한·중·일 투자협정의 조기 체결에 동의하였고, 한·중·일 자유무역지대 구축 추진을 위해 공동으로 노력해 나가기로 하였다. 양측은 한·중·일 3국협력, ASEAN+한·중·일, 동아시아정상회의(EAS), 아세안지역안보포럼(ARF), 아시아유럽정상회의(ASEM), 아시아태평양 경제협력체(APEC) 등 다양한 역내 협의체에서 긴밀한 소통과 협력을 유지한다는 점을 확인하였다.

중국 측은 한국 측이 2012년 서울핵안보정상회의, 여수세계박람회, 2014년 인천 아시안게임 및 2018년 평창 동계올림픽을 성공적으로 개최하도록 지지하기로 하였다.

양측은 글로벌 금융위기에 대응하고 세계경제의 강하고 지속가능한 균형성장을 이룩하는데 G20의 중요한 역할을 인식하고, G20에서 협력을 더욱 강화해 나가기로 하였다.

양측은 글로벌 이슈의 해결에 있어서 유엔이 중심적 역할을 해야 한다는 것을 재천명하고, 유엔 관련 사안에 대해 계속 긴밀히 협력하기로 합의하였다.

양측은 국제테러리즘, 마약, 해적, 금융범죄, 사이버 범죄 등에 대한 협력을 강화하기로 하였다.

9. 양측은 이명박 대통령의 금번 중국 방문의 성과에 대해 만족을 표명하고, 금번 방문이 향후 양국관계 발전에 중요한 의의를 지닌다는데 인식을 같이하였다. 이명박 대통령은 방중기간 동안 중국 측의 따뜻하고 우호적인 환대에 사의를 표하였다.

11 문재인 대통령 국빈 방중 계기 한중 정상회담 언론발표문

2017.12.14. 베이징

오늘 확대 정상회담과 소인수 정상회담을 합쳐서 2시간 15분 정도 진행이 됐고, 무려 예상 시간보다 1시간 이상 길게 회의가 진행됐다. 그만큼 양국 정상 간에 허심탄회하고 솔직하게 대화를 나눴다는 말씀을 드린다.

시진핑(Xi Jinping · 習近平) 중국 국가주석의 초청으로 중국을 국빈 방문 중인 문재인 대통령은 14일 오후 베이징 인민대회당에서 시진핑 주석과 정상회담을 갖고 한반도 평화와 안정을 확보하기 위한 4가지 원칙에 합의했다.

양 정상이 합의한 4대 원칙은,

첫째, 한반도에서의 전쟁은 절대 용납할 수 없다.
둘째, 한반도의 비핵화 원칙을 확고하게 견지한다.
셋째, 북한의 비핵화를 포함한 모든 문제는 대화와 협상을 통해 평화적으로 해결한다.
넷째, 남북한 간의 관계 개선은 궁극적으로 한반도 문제를 해결하는 데 도움이 된다는 것이다.

양 정상은 양자 방문 및 다자 정상회의에서의 회담은 물론, 전화 통화, 서신 교환 등 다양한 소통 수단을 활용하여 정상 간 '핫라인(Hot Line)'을 구축함으로써 긴밀한 소통을 계속해 나가기로 했다.

양 정상은 경제, 통상, 사회, 문화 및 인적 교류 등을 중심으로 이루어져 오던 양국 간 협력을 정치, 외교, 안보, 정당 간 협력 등 분야로 확대해 나가기로 하였으며, 이를 위해 정상 차원은 물론 다양한 고위급 수준의 전략적 대화를 활성화해 나가기로 했다.

문 대통령은 한반도는 물론, 동북아의 평화·안정과 번영을 위해 한중 양국은 물론, 관련 역내 국가들과의 협력이 필요하다고 강조하고, 한미중, 한중일 등 다양한 형태의 3자 협의를 활성화하자고 제의했다.

양 정상은 북한의 도발 중단을 강력히 촉구하는 한편, 북한의 핵 및 미사일 개발이 한반도뿐만 아니라 동북아와 국제사회의 평화와 안정에 심각한 위협이라는 데 인식을 같이하고, 안보리 관련 결의를 충실히 이행하는 것을 포함하여 제재와 압박을 통해 북한을 대화의 장으로 유도하기로 했다.

시 주석은 사드 문제와 관련, 중국 측 입장을 재천명하고, 한국 측이 이를 계속 중시하고 적절히 처리하기를 바란다고 말했다.

시 주석은 "좌절을 겪으면 회복하는 데 시간이 오래 걸리지만 지금 양국 관계는 빠른 속도로 개선이 되고 있고, 이런 일이 다시 반복되지 않도록 각별히 신경 쓰고 관리를 잘해 나가자"고 말했다.

문 대통령은 10·31 한중 관계 개선 관련 양국 간 협의 결과를 평가하고, "양국 중대 관심사에 대한 상호 존중의 정신에 기초해 양국 관계를 조속히 회복, 발전시켜 나가는 것이 중요하다"고 말했다.

문 대통령은 시 주석의 국빈 방중 초청과 따뜻한 환대에 감사의 뜻을 표하고, 이번 방문이 양국 간에 아름다운 동행의 새롭고 좋은 첫걸음이 되기를 기대한다고 말했다.

시 주석은 난징대학살 80주년 계기에 문 대통령이 따뜻한 추모의 뜻을 표명해 준 데 대해 사의를 표명했다.

문 대통령은 한중 간 유구한 공영의 역사는 양국이 공동 번영의 길을 함께 걸어가면서, 한반도와 동북아, 나아가 세계의 평화와 번영을 위해 함께 협력해 나가야 할 운명적 동반자임을 잘 보여준다고 하고, 최근 양국 간 일시적 어려움도 오히려 역지사지(易地思之)의 기회가 되었다고 말했다.

시 주석은 지난 25년간 한중 관계가 양국 국민들에게 실질적 혜택을 가져다 준 것은 물론, 역내 평화·안정에도 기여해 왔다고 평가하고, 한국과 함께 노력해 양국 관계를 건강하고 안정적으로 발전시켜 나가기를 희망한다고 말했다.

문 대통령은 19차 당대회에서 시 주석이 제시한 민주적인 리더십과 국민들의 삶의 질 향상을 위한 가치들이 '사람이 먼저다'라는 본인의 정치철학과 국정목표와도 통하는 것이라고 강조하고, 양국의 국가비전, 성장전략의 교집합을 바탕으로 양국의 미래성장 동력을 함께 마련하고, 양국 국민들이 체감할 수 있는 실질 분야의 협력사업들을 추진해 나가길 희망했다.

이에 대해 시 주석은 양국의 공동 발전을 위해 상호호혜적인 교류

협력을 더욱 적극적으로 추진해 나가자고 했다.

양 정상은 한중 산업협력 단지 조성, 투자협력 기금 설치 등 그간 중단된 협력사업을 재개해 나가기로 하고, 양국 기업의 상대방 국가에 대한 투자 확대도 장려해 나가기로 했습니다. 이러한 맥락에서, 양 정상은 한중 FTA 서비스 · 투자 후속 협상 개시를 선언하게 된 것을 환영했다.

양 정상은 미세먼지 공동 저감, 암 관련 의료협력 등 환경 · 보건 협력, 교육 · 과학 협력, 신재생에너지 협력, 지방 정부 간 협력을 증진시켜 나가는 것과 함께 빅데이터, 인공지능, 5G, 드론, 전기자동차 등 제4차 산업혁명에 대해 함께 대비해 나가기 위한 미래지향적 협력사업을 추진해 나가기로 했다.

양 정상은 우리의 新북방 · 新남방정책과 중국의 일대일로 구상 간 궤를 같이 하는 측면이 있다는 데 주목하고, 구체적인 협력 방안을 적극적으로 발굴해 나가기로 했다.

양 정상은 양국 국민 간 상호 이해 제고 및 정서적 공감대 확대가 중요하다는 데 인식을 같이 하고, 문화 · 스포츠, 인문, 청년 교류를 지속 확대해 나가기로 했다. 특히, 양국 관계의 미래를 이끌어 나갈 양국 청소년들 간의 교류 사업을 더욱 확대 · 발전시켜 나가기로 했다.

문 대통령은 중국 측이 중국 내 우리 독립운동 사적지 보호를 지원해 오고 있는 데 대해 평가하고, 앞으로도 계속 관심을 가지고 지원해 줄 것을 당부했다.

시 주석은 한국 정부가 중국군 유해 송환을 위해 지속적으로 협력 중인 데 대해 사의를 표명하고, 자신이 저장성 당서기 시절 한국 유적지 보호사업을 지원했다고 회고하면서, 앞으로도 중국 내 한국의 독립운동 사적지 보존 사업을 위해 계속 협력해 나가겠다고 했다.

양 정상은 한반도와 동북아는 물론, 국제사회의 평화와 안정을 확보하기 위해 노력을 강화해 나가기로 했다.

이와 관련, 시 주석은 한국과 국제 테러에 대응하기 위한 협력을 제고해 나가기를 희망한다고 말했다.

이에 문 대통령은 전폭적인 공감을 표시하면서 할 수 있는 노력을 다해 나가겠다고 말했다.

양 정상은 평창 동계올림픽이 양국 간 인적교류를 활성화하는 데 좋은 계기가 될 것이라는 데 인식을 같이하고, 2018 평창 동계올림픽과 2022 베이징 동계올림픽을 성공적으로 개최하여, 한반도와 동북아는 물론 전 세계 인류의 평화와 화합을 위한 장이 되도록 긴밀히 협력해 나가기로 했다.

문 대통령은 시 주석의 평창 동계올림픽 참석을 초청하였고, 시 주석은 이를 진지하게 검토할 것이며 만약 참석할 수 없게 되는 경우 반드시 고위급 대표단을 파견할 것이라고 말했다.

한편, 양 정상은 평창 동계올림픽 및 패럴림픽에 북한이 참가하는 것이 남북관계 개선 및 동북아 긴장 완화에 기여할 것이라는 데 인식을 같이하고, 이를 위해 함께 노력해 나가기로 했다.

**필자
소개**

이희옥 | 성균관대 교수, 성균중국연구소장

이동률 | 동덕여대 중어중국학과 교수

이율빈 | 성균중국연구소 연구교수

신종호 | 한양대 중국학과 교수

양갑용 | 국가안보전략연구원 책임연구위원

김한권 | 국립외교원 교수

이기현 | 한국외국어대 LD학부 교수

장영희 | 성균중국연구소 연구교수